이해되지 않는 삶은 없다

이해되지 않는 삶은 없다
미야자키 하야오의 세계와 철학

글 민이언
일러스트 정용훈(인디스픽)
발행일 2023년 11월 10일 초판 1쇄

발행처 다반
발행인 노승현
책임편집 민이언
출판등록 제2011-08호(2011년 1월 20일)
주소 서울특별시 마포구 양화로81 H스퀘어 320호
전화 02-868-4979 팩스 : 02-868-4978

이메일 davanbook@naver.com
홈페이지 davanbook.modoo.at
블로그 blog.naver.com/davanbook
포스트 post.naver.com/davanbook
인스타그램 @davanbook

ⓒ 2023, 민이언

ISBN 979-11-85264-79-0 03100

＊「디페랑스」는「다반」의 인문, 예술 출판 브랜드입니다.

이해되지 않는 삶은 없다

미야자키 하야오의 세계와 철학

민이언 지음

différance

흐림 없는 눈으로 보라!

우리가 잊은 하늘

한 평론가가 말하길, 신카이 마코토의 상징이 빛이라면, 미야자키 하야오는 바람이란다. 「미래소년 코난」 때부터 이고 있었던 저 파란 하늘은 일본 애니메이션들이 공유하고 있는 풍경이라서 제외한 걸까? 하야오가 그려 내는 세계는 그 푸르름에서부터 이미 설득될 준비를 하고 보게 되는 판타지이기도 하다.

들어 쓸 미학 지식 하나 떠오르지 않는, 아니 미학적 지식으로는 도무지 설명이 불가한 하늘은, 가끔씩은 아름답다 못해 가슴이 먹먹해질 지경이다. 물론 내 역량 부족의 탓이겠지만, 활자로는 도저히 따라잡을 수 없는 풍경. 그런데 또 어떻게든 내 커리어로 남겨 보고 싶은 열망을 따

돌릴 수도 없다.

　이젠 기억보다도 먼 곳에서 일어났던 일처럼 느껴지기도 하건만, 유년 시절에 좋아했던 애니메이션 한 편이 인생작으로 남아 있는 이유는, 내 기억력의 최대 출력으로 가닿을 수 있는 최초의 지점이기 때문이기도 할 것이다. 인생 초기의 경험은 정신의 기저에 뿌리박고서 평생에 걸쳐 영향을 미친다는 프로이트의 주장은, 내 경우에는 「미래소년 코난」으로 증명되는 사례다.

　그러나 '미야자키 하야오'란 이름에 익숙해진 건 꽤 나이가 들어서였다. 지브리 스튜디오에 대해서는 더더욱 알지 못했고…. 철학 공부를 하다 보면, 마땅히 봐야 할 '인문학의 지위'인 매뉴얼들이 있다. 그 분야를 잘 모르기 때문에 그냥 다 봐버린 무지의 열정 앞에서 다시 만난 코난도 다른 의미로 다가왔다. 어릴 적에는 정의감으로 똘똘 뭉친 소년의 영웅담을 시청했던 것 같은데, 어른이 되어 다시 돌아본 동심의 자리에는 인간의 탐욕과 문명의 오용이 가져온 폐해들이 그려져 있었다.

　내 유년을 지배한 작품을 만든 사람이라는 단서 하나를

가지고 하나씩 하나씩 감상해 본 그의 컬렉션에서는 코난의 미래들을 만난 느낌이었다. 제목은 익히 들어 본 그의 작품들에 대해 잘 알지 못하고 있던 날들이, 어른의 문법에만 시달리며 달려온 내 '잃어버린 시간'에 관한 이야기 같기도 하고…. 작품 속에 담긴 하야오 특유의 미학, 그동안 내가 잊고 살았던 듯한 하늘과 구름과 바다에 뒤늦게 애착이 생겨 버린 경우다. 내 나이 서른 즈음에 …. 그렇게 '미래소년'은 '소년의 미래'에서 다시 작동했다.

이젠 중년이 된, 내 또래들의 많은 경우가 그러할 게다. '미야자키 하야오'라는 이름은 많이 들어 봤어도, 그가 「미래소년 코난」을 만든 그였다는 사실을 모르는 경우도 적지 않을 테니까. 내 측근들부터가 그렇다. 하여 아무리 생각해 봐도 내 또래들에게 하야오의 표상은 「센과 치히로의 행방불명」도 「하울의 움직이는 성」도 아닐 것 같다. 아마도 저 하늘과 바다와 구름에 관한 이야기가 아닐까 싶다.

푸른 바다 저 멀리 새 희망이 넘실거린다.
하늘 높이 하늘 높이 뭉게꿈이 피어난다.

블로그를 살펴보니 「바람이 분다」에 관한 해석 글을 올린 날짜가 2014년 10월 6일로 되어 있다. 아울러 미야자키 하야오에 관한 기획을 해보고 싶다는 한 줄도 적어 넣었다. 그로부터 10년 후, 그의 은퇴작으로 알려졌던 「그대들은 어떻게 살 것인가?」가 개봉한다는 소식이 '갑자기' 전해졌다. 물론 10년의 시간 동안 그의 작품들을 다 정리를 해놓고 있긴 했었지만, 출간까지는 시간이 촉박했던 일정이었다. 막상 작업을 진행하다 보니 출간용으로 사용할 수 있을 분량도 얼마 되지 않았다. 그 시간 동안 생각도 많이 바뀌었고, 특히나 철학을 대하는 나의 태도가 많이 바뀌었다. 당시에는 팬심을 담아 철학의 언어들로 열정적으로 적어 내린 해석이었는데, 지금에서 돌아보면 뭘 그렇게까지 과잉으로 치달렸는지….

덜어 내고 다시 채우는 시간 내내, 초등학교 시절에 개학을 일주일 앞두고 밀린 일기를 쓰는 기분이었다. 그런 점에서도 나를 어린 시절로 돌아가게 한 하야오의 세계. 그럼에도 몇몇 페이지에는 철학의 흔적들을 남겨 놓았다.

다 덜어 내면, 또 나의 세계가 지워지는 것이기에…. 다소 어려운 개념과 단어들은, 그냥 모르고 읽어도 전체적인 흐름에 지장이 없게끔 하고자 노력했다. 그리고 계속 반복해서 언급되는 몇몇 개념들 위주이기에 읽다 보면 그 대강을 이해하긴 어렵지 않을 것이다.

나무위키가 전문 서적을 능가하는 지식을 구비하고 있는 시절, 영화 바깥의 에피소드에 관해서도 유튜버들의 친절한 설명이 넘쳐나는 시절이라, 그런 소스들은 최소화를 했다. 하야오를 좋아하기는 하나, '하야오 전문가'를 자처하기엔 이미 그런 저서들이 출간되어 있다. 때문에 그저 '팬'의 입장에서, 그의 작품을 감상할 때마다, 그 이후에라도 떠올랐던 생각의 조각들을 다시 다듬었다. 원작이 어떤 작품이냐, 어떤 평론가는 어떻게 평가했다더라의 이야기들보단 그의 작품이 우리 삶에 혹은 개인의 삶에 어떤 식으로 작동하는지에 대해….

평론가들을 인용한 문구는, 아주 오래전에 읽은 책에서 뽑은 것들은 그 출처를 정확히 메모하지 않았던 관계로, 참고한 책의 제목은 일괄적으로 누락시키고 평론가의 이름만 표기했다.

하야오가 감독을 맡은 작품은 물론, 그의 영향력이 컸던 작품들까지 다루었다. 소챕터를 주제별로 묶었기에, 개봉 시기에 따른 순차적인 배치는 아니다. 영상을 문자로 옮겨 놓은 기획이기에, 그의 작품을 보지 않은 독자 분들은 사건의 전개와 등장인물들이 다소 헷갈릴 수 있을 것 같다는 걱정도 앞선다. 몇 번을 수정하며 고민해 봐도, 이건 답이 없는 문제다. 앞서 언급했듯, 물론 내 역량 부족이 가장 큰 문제이겠지만, 문자로는 절대 따라잡을 수 없는 거장의 미학이기에, 작품을 직접 감상하는 일에는 미치지 못한다. 하야오밖에 표현할 수 없는 것들이 있고, 애니메이션으로밖에 표현할 수 없는 것들이 있다.

… 『토지』를 읽다 보면 이해되지 않는 삶은 없다. 『토지』를 읽고 나서 정신적으로 한 뼘이 자랐다고 느끼는 이유는 아마 이해 불가한 삶을 조금 이해하게 되었기 때문이리라. 한 문장으로 설명할 수 없지만 삶이란 원래 그렇게 수많은 모순과 아이러니로 이루어져 있다고 『토지』의 인물들은 말한다. …

– 김성민, 『아름답고 쓸모없는 독서』, 다반

책의 제목은, 최근 개봉한 「그대들은 어떻게 살 것인가?」의 대답 같은 성격을 고민했다. 부캐가 편집자이기도 한 터라, 예전에 편집했던 책에서 눈여겨봤던 문구를, 물론 저자분의 양해를 구하고서, 제목으로 차용했다.

박경리가 땅으로 적어 낸 서사라면, 하야오는 하늘에 그려 놓았다. 동화적인 화풍으로 명랑, 발랄, 유쾌, 그리고 섬세한 통찰을 담아내는 작품도 있지만, 인간 사회에 만연해 있는 고질적인 문제들을 진중하게 다루는 작품들이 더 많다. 하야오의 세계는 단면적이지도 단편적이지도 않다. 그 혹은 그녀가 그렇게 될 수밖에 없었던 삶의 조건들에 대해서도 함께 이야기한다. 그렇더라도 이해해 보려는 노력과 용납하는 결단은 다른 문제. 그런 모호와 모순을 미시적 관점에서 풀어내는 어른들을 위한 동화이기도 하다.

「꿈과 광기의 왕국」에는 이전까지 내가 지녔던 믿음과는 사뭇 다른 하야오의 철학이 담긴 장면이 있다. 그에겐 애니메이션은 행복한 작업이 아니다. 되레 지루하게 느껴지는 그 작업을 끝내고 난 다음 날에 다시 그리고 싶다는 생각이 드는 것이 이상하다고…. 그가 말하는 행복이란 자신의 작품으로 인해 행복감을 느끼는 다수의 개개인이 목적이다. 자기 혼자 행복해지는 게 인생의 목표라는 것, 내가 사는 목적이 내가 행복해지기 위해서라는 생각은 납득을 못 하겠단다.

이젠 그런 순수한 가치를 유지하기가 힘든 시절이 되었다. 2D 애니메이션과 아날로그적 감성이 소비자의 기호를 충족시키지는 못하는 시대. 거장은 그 시대상 가운데서 은퇴를 번복하고 있는 것이기도 하다. 10년 전에도 은퇴 이야기는 나돌았었다. 물러나야 할 때인지는 알겠는데, 또 10년 정도는 더 작품 활동을 하고 싶다던 노장의 고백. 그로부터 10년 후, 은퇴작이라고 알려졌던 신작을 발표하면서 다시 은퇴를 철회했다.

정년이란 게 없는 예술가의 삶. 자신의 작품으로 인해 행복해하는 관객들을 바라보며 행복을 느끼는 크리에이터에게 은퇴란 쉽지 않은 결정일 게다. 덕분에 그의 작품으로 행복할 수 있는 팬들은 그 행복을 조금 더 연장할 수 있게 됐다. 그때부터 지금까지, 그 행복의 역사를 간추린, 이 또한 한 권의 행복이 되길 바라는 마음으로….

이해와 화해, 그리고 공존

「미래소년 코난」
◈ 폐허 속에 피는 희망 ◈

　미국의 아동문학자인 알렉산더 케이의 원작을 각색한, 하야오가 감독한 첫 작품이다. 설정된 지구멸망의 해는 2008년이었다. 지금으로부터 이미 10여 년이 지난 과거. 다행히 여전히 지구는 무사하지만, 당시 하야오의 진단으로는 데드라인이 그 정도였던가 보다.

　신무기를 이용한 대규모 전쟁으로 인해 지축이 뒤틀리고 대부분의 대륙은 바다 밑으로 가라앉는다. 코난의 할아버지는 동료들과 함께 지구를 탈출하려고 했지만, 기체가 파손되면서 한 외딴섬에 불시착한다. 그로부터 20년이 흐른 시점, 자연이 지닌 생명력은 다시 지구에 숨결을 불어넣고 있었다.

동료들도 하나둘 세상을 떠나고, 다른 인류의 생존 여부를 알지 못한 채, 코난과 할아버지는 고립된 생활을 하고 있었다. 우연히 그 섬으로 밀려 들어온 라나와 그녀를 쫓는 일행들로 인해 다른 생존자들이 있었다는 사실을 알게 된 할아버지는, 라나를 납치하려는 일행들과의 실랑이 끝에 죽음을 맞이하게 되고, 코난에게는 사람은 혼자 살 수 없으니 이 섬을 떠나라는 유언을 남긴다.

　태어나 한 번도 자신의 터전을 벗어나 본 적이 없었던 코난이 인더스트리아로 잡혀간 라나를 찾아 떠나는 여정 중에 처음 만나게 된 친구가 포비였다. 바다를 표류하다가 한 섬을 발견하게 된 코난은, 그 섬에 닿자마자 일단 물과 과일로 갈증과 허기를 달랜다. 포비는 자신의 영역으로 들어와 물과 과일을 훔쳐 먹는 코난을 침입자로 간주한다. 코난과 포비는 첫 만남에서, 예전에 자신이 잡았던 물고기와 산짐승의 크기로 스스로를 과시하고 서로를 무시한다. 우리 집에는 이렇게 진귀한 물건도 있고, 우리 아빠는 이렇게 대단하다면서 싸우는, 영락없는 아이들의 모습. 그렇게 다투다가도 공통의 관심사(왕도마뱀)로 금세 친구가 된다. 그 우정으로 인해 포비는 라나를 찾으러 가는 코난의 여정을 함께하게 된다.

　지구 멸망의 사건 이후에도 살아남은 다른 인류는 인더스트리아와 하이하버라는 곳에 모여 살고 있었다.

　인더스트리아는 폐허 속에서 다시 지어 올린 과학문명으로, 오래전 멸망을 초래했던 과학적 욕망을 여전히 포기하지 못하고 있다. 이런 이유에서 라나를 데려간 것이기도 하다. 라나를 볼모로 그의 할아버지가 지닌 태양에너지 기술을 확보하고자 했던 것. 인더스트리아의 원로들은 나름의 도덕이라도 지키며 자신들의 노고를 정당화하지만, 어쨌거나 급진적인 아랫세대들과 목적은 같다. 태양에너지 기술로 인더스트리아를 더욱 발전시키겠다는….

　라나의 할아버지 라오 박사는 재앙을 초래한 과학자로서의 가책을 간직하고 있다. 초자기력 병기가 지구를 멸망시킨 것을 자신의 죄라고 생각하고 있었기 때문에, 속죄를 하기 위해 삶을 연장해 온 것이기도 하다. 인더스트리아에 문명을 재건한 원로 과학자들에게 그만이 알고 있는 태양에너지 기술을 알려 주지 않았던 이유도, 이미 과학이 초래한 재앙을 겪고서도 여전히 자연과의 공존에 대한 필요성을 자각하지 못하는 그들이기 때문이었다. 더군다나 인더스트리아의 행정국장 레프카는 다시 한 번 과학으로 제국주의를 부활시키고자 하는 야욕에 차 있었다.

이런 이유에서 인더스트리아는 라오 박사의 손녀인 라나를 납치해 라오 박사를 압박하고자 했고, 납치된 라나가 도중에 탈출해 코난이 살고 있는 섬의 해변가에 닿게 되었던 것.

코난과 포비, 그들에게 감화되어 그들 편에 선 다이스 선장과 인더스트리아 행정국 차장 몬스키, 그리고 인더스트리아 지배계급에 억압받던 하급 시민들의 협력으로 결국 레프카의 야욕은 실현되지 못한다. 또한 인더스트리아를 세운 원로 과학자들은 결국 자신들의 과오를 뉘우친다. 스토리는 해피엔딩을 향해 가고 있었지만, 마지막으로 하나의 위기를 준비해 두고 있었다. 지구는 지금도, 오래전 인류가 초래했던 대재앙의 여진에 시달리고 있다. 지진이 인더스트리아를 강타하고, 시민들은 대재앙의 사건 이후 오랜 세월 동안 바다 속으로 가라앉아 있었던 배를 인양해 하이하버로 옮겨 갈 준비를 한다.

인더스트리아의 원로 과학자들은 그곳에 남기로 한다. 자신들은 낡은 시대의 유산이며, 새로운 시대는 새로운 정신으로 만들어 가야 한다는 이유로…. 원로 과학자들은 일말의 자책감으로 무너져 내리는 인더스트리아에 남았던 것이 아니었을까? 물질 문명의 병폐, 그 근원으로서의 저 자신들이 사라져야 한다는….

과학 기술의 발전이 안겨다 준 비극, 그럼에도 반성하지 않는 인류. 하야오가 그리는 디스토피아의 원인은 문명이 지닌 야만성, 그 '저주받은 욕망'이다. 저주로 내려앉은 폐허 속에서도 다시 피어나는 희망은, 아이들이 지닌 자연성이다.

철학자 고병권의 해석처럼, '인더스트리아의 무기들이 과학의 힘을 상징한다면, 코난의 발가락은 원초적인 힘의 상징으로서의 자연성'인지도 모르겠다. 기술 문명은 우리의 신체적 능력을 퇴화시킨다. 그 퇴화를 보완하기 위해 더 진보한 기술을 만들어 내는 악순환 속에서 우리는 점점 자연성을 잃어 간다. 그 결과로서 단절을 겪은 인류의 역사, '미래소년' 코난은 다시 적어 내려갈 '새로운 시대'의 상징성이기도 하다.

여기 다시 태어난

지구가 눈을 뜬다. 새벽을 연다.

인더스트리아의 질서 체계 안에서 시민의 차별은 당연한 것으로 여겨졌다. 이는 실패한 사회주의를 상징하는 설정이기도 하단다. 그들이 코난의 도움을 받아 반란을 일으키는 장면은 하야오가 원작에 가미한 마르크스주의적 요소다.

반면 라나의 고향인 하이하버에서는 모든 시설과 생산물을 공유한다. 자연과 문명의 공존을 우선시하는 공동체적 삶에는 통용 화폐가 없다. 마르크스가 지적하는 화폐의 폐해, 그 중심에는 가치 저장의 기능이 있다. 축적의 욕망이 발생하는 것. 그로 인해 전쟁까지 불사한 인류의 역사, 하이하버는 애초에 갈등의 구실을 만들지 않았던 것이다.

농경과 목축 위주로 마을 구성원 전부가 노동을 하는 마르크스적 커뮤니티이지만, 아직 야생의 문법에 더 익숙한 코난과 포비에게는 사뭇 낯선 풍경이다. 때로는 마을의 문제들을 해결해 주는 야생의 직관과 신체 능력을 간직한 이방인이기도 하다.

이 평화로운 커뮤니티에 갈등의 요소가 아예 없던 것은

아니다. 목축 지역을 관리한다는 명분, 그리고 농경마을과의 중계를 명분으로 커미션을 챙겨 먹고 있던 오로 일당은 자본과 권력을 욕망한다. 인더스트리아가 하이하버를 침입해 오자 그들 편에서 서서 앞잡이가 되어 버리는 오로는, 제국주의에 협력했던 변절자들을 대리하는 캐릭터이기도 하다. 이 장면은 일본이 조선을 합병하는 과정의 뉘앙스까지 풍긴다. 잘 살고 있는 마을을 수탈하면서도, 불합리한 대의명분을 내세우며 인더스트리아를 하이하버의 '조국'으로 표현하기까지 한다. 하야오는 조국의 각성을 촉구했던 것일까? 이 애니메이션을 보고 자란 세대의 일본인들은 저 장면이 무엇을 의미하는지 알기나 했을까? 왜곡된 역사 교육 안에서 정의와 불의의 기준도 저들 유리한 대로 적용했을 터이니 말이다.

"일정한 공동체 속에서 일정한 일을 하고 있으면 능력 차가 그다지 중요하게 여겨지지 않는 사회가 됩니다. 어지간한 게으름뱅이가 아닌 한에는, 마을이 굶주릴 때에는 함께 굶주리고 마을이 풍요로울 때에는 자신도 풍요로워지는, 사람과 교제할 때에도 누가 위, 아래라는 개념이 없고, 그래서 역으로 다른 폐해가 생겨날지도 모르겠지만 그런 세계와 비교해 보면 지금의 도시형 사회는 각박하다고 생각합니다. 그 인간이 지니고 있는 상품가치로 순위를 정하고 있으니까요."

대학시절부터 마르크스주의자였던 하야오에게서 '공동체'는 중요한 주제다. 이는 일본의 버블 경제와 그로 인한 사회문제들을 바라보는 거장의 시선이 투영된 이상 사회이기도 하다. 그리고 지브리 스튜디오 직원들의 일상이 이입된 장면들이기도 했다.

그러나 하야오 자신도 언급한 '다른 폐해'를 여실히 보여 준 사회주의의 역사이기도…. 무엇보다도, 평등을 지향하는 사회에서 태어난 천재의 인생은 어때야 하는 것인가에 대한 질문을, 수많은 평범을 위한 대답으로 돌려세울 수는 없으니 말이다. 천재의 칭호가 따라다니는 하야오 그 자신에게 해당하는 모순이기도 하지 않을까?

라나의 고향 하이하버에는 평화로운 일상이 기다리고 있을 줄 알았는데, 그 공동체 안에서 불거진 문제로, 급기야 코난은 그토록 소중한 라나에게 뺨을 맞는다.

평등의 기치를 내건 공동체 안에서도 '관리'직과 간부는 있다. 모두가 평등하니 개인이 지닌 재능 혹은 능력치로 뽑히는 게 아니다. 그러면 무엇을 기준으로 뽑아야 할까? 그 대답이 뭘까? 결국 사람 간의 정치다. 그렇게 얻은 알량한 권세로 꼴값을 떠는 인간들을 주변에서도 어렵지 않게 볼 수 있지 않던가. 코난과 포비의 순수가 지닌 원초적 힘은 강하지만, 이런 정치적 꼴값 앞에서는 순수도 강함도 애매해진다. 라나는 그냥 저런 것들은 상대하지 말라는 의미로, 격앙된 태도로 굳이 상대하고 있는 코난을 말리다가 자신도 모르게 뺨을….

과거 공동체로의 회귀를 그리고 있는 하야오도 이런 공동체 내에서 불거지는 문제를 모르지 않았다. 실상 미야자키 하야오 작품의 주인공들을 자세히 살피면, 그 공동체 내에서도 탈코드화하는 인물들이다. 마르크스적인 게 아니라 들뢰즈적이다.

한때 '스머프'가 공산체제를 옹호하는 캐릭터라는 주장이 제기된 적이 있었다. '공산'이란 단어 자체에 민감한 한국과 미국에서는 논란의 여지가 있겠으나, 헤겔과 마르크스를 조금만 읽어 본 경우라면 원시공산사회는 '역사의 자기 발전과정' 중에 나타나는 초기 모델일 뿐이란 사실에 별 거부감이 없을 게다. 공산주의가 정당(政黨)으로 존재하는 유럽 국가에서는, 그렇게 볼 수도 있는, 실상 별 문제가 되는 발언도 아니었던 것.

최초의 공동체는 자급자족 사회일 수밖에 없다. 스머프 마을에선 경쟁이란 게 없다. 각자가 저마다의 기술을 지니고 있으면서, 각자의 영역과 역할이 따로 주어져 있다. 마르크스에 따르면, 공동체 내에 잉여의 생산물이 쌓이고, 다른 공동체와 교환의 효율성을 깨달은 이후에야 경제와 화폐와 교통이 발생한다. 그리고 '전쟁은 교통의 흔한 형태'이다.

물론 공산주의 공동체의 이상이 과연 이상이냐의 문제 또한 '역사의 자기 발전과정'을 거친 결과로서의 중국과 러시아가 증언하는 것들이 있기도 하고, 북한은 공산주의도 아닌 그냥 독재를 세습하는 이상한 국가일 뿐이니 마르크스주의와는 구분이 되어야 하는 문제.

하야오가 다닌 가쿠슈인(學習院) 대학은 일본에서는 꽤나 유명한 명문 사립이란다. 정치경제를 전공했지만 『자본론』을 읽은 적도 없단다. 그는 이론적인 사회주의 신봉자는 아니었다.

68혁명 세대에게 마르크스 철학은, 옹호를 하는 입장이건 비판을 하는 입장이건, 지성의 토대가 되는 시대정신이었다. 그 진보의 물결이 일본까지는 당도했다. 동시에 훗날 버블경제로 치닫는 G2의 서막을 열어젖힌 시기였기에 사회주의 이상을 믿는 지식인들의 활동이 두드러졌다. 하야오도 그런 열혈의 청춘으로서 직접 사회운동에 뛰어들기도 했었다.

그 사회주의적 이상이 얼마나 순진한 열망이었는가에 대해서는 진즉에 깨달아야 했고, 공산국가들이 자행한 부조리에 대해서도 강도 높은 비판을 내놓기도 했다.

그럼에도 그 이상이 그가 작품에 투영하는 세계관으로 정립된다. 그의 이상은 더 이상 순진하지만도 않고 만만치도 않다. 하나의 체제 혹은 특정 신념에 포섭된 것이 아닌, 경계에서 고민하는 인물들이 이야기를 이끌어 가는 경우가 대부분. 그의 세계 역시 마르크스적인 것이 아니라 들뢰즈적이다.

「미래소년 코난」에서 최고 케미를 보여 준 콤비는, 늘 티격태격하는 애와 어른, 포비와 다이스 선장이다.

포비는 원래 인더스트리아로의 여정에 참여할 생각이 전혀 없었다. 이따금 자신이 살고 있는 섬에 정박해 폐플라스틱을 수거해 가는 '바라쿠다 호'의 내부가 궁금했을 뿐이다. 그러다 덜컥 코난과 함께 이 배의 잡부가 되어 인더스트리아로 향한다. 바라쿠다 호의 선원들은 코난에게는 여정의 도우미였던 반면, 선원들과 고초를 함께하기도 하는 포비에겐 처음으로 겪어 본 조직의 의미이기도 했다. 코난보다는 조금 더 애증이 섞인 친밀도, 하여 조금은 모자란 어른인 다이스를 갈구는 일은 언제나 포비의 몫이다. 지금의 나이에서 돌아보니 코난보다는 포비 쪽에 조금 더 아쉬움이 남는다. 하야오의 다른 작품에서는 어떤 캐릭터가 그에 대응하는 것일까를 곱씹어 봐도 얼핏 떠오르지 않는, 단 한 번의 미야자키 하야오였던 포비.

다이스 선장은 라나를 납치한 장본인이다. 바다 사나이라는 자부심을 품고 살아가지만, 자신에게 이익이 되는 일에만 관심이 있는 옹졸한 남자이기도 했다. 인더스트리아를 배신하고 라나를 다시 하이하버로 데려온 사건도 그의 계산적인 성향으로 말미암아 벌어진 경우이다. 「미래소년 코난」에서 발단과 전환의 사건들은 모두 그에 의해 저질러지는 셈이다. 나중엔 그런 자신을 매번 품어 준 코난과 포비를 지키고자 하는 바다 사나이로 거듭난다.

다이스와 더불어 코난의 편에 서게 되는 몬스키 차장은 자신을 거두어 준 인더스트리아에 대한 순수의 신념을 지니고 있다. 지구 멸망의 사건 당시 바다를 표류하던 그녀는, 인더스트리아 과학자들에 의해 구조된다. 하이하버 사람들이 베푼 관용에도 여전히 까칠하던 몬스키의 심적 변화는 한 마리의 강아지로 인해서였다. 인더스트리아 과학자들에게 구조되기 직전까지 함께했던 반려견에 대한 기억을 떠올리면서, 소녀 시절에 지녔던 순수를 회복한다.

　악역으로 버려둘 수 없었을 만큼, 하야오가 애착을 갖는 캐릭터이기도 하단다. 그 매개는 물론 코난이다. 소년의 순수가 그녀에게 숨어 있던 소녀를 알아본 것일까? 중반까지는 유능한 악랄함을 보여 주던 그녀에겐, 어찌 됐든 그 모습이 자신을 길러 준 사회에 대한 충성도이기도 했다. 그러나 그 사회가 그저 자신의 충성을 이용하고만 있었다는 사실을 깨닫기 시작한 어느 날부터, 내면의 소녀를 불러내어 코난의 편으로 전향한다.

　하야오의 몇몇 작품에서는, 소녀를 이용하려 드는 어른

들에 의해, 소녀가 갇히는 장면들이 등장한다. 몬스키는 그 '가둠'의 선봉에 있었으면서도, 실상 그녀 자신도 '갇힌 소녀'였다. 그녀의 잃어버린 시간을 되찾아 줄 타자(他者)를 만나기 전까지는…. 이후 「바람계곡의 나우시카」에서의 크샤나, 「원령공주」에서의 에보시 등이 이 캐릭터를 이어 간다.

자신이 그렇게 살아갈 수밖에 없도록 만든 사회도 결국 자신의 존재론적 조건인 거니까. 그 인식의 토대를 뒤흔드는 탈코드화의 사건, 철학자 레비나스는 그 사건과 함께 도래하는 타자를 '미래의 시간'으로 설명하는 것이기도….

하야오는 도쿄 태생이지만, 미군의 공습이 잦아지면서 가족 모두가 도쿄에서 다소 떨어진 우쓰노미야라는 소도시에서 머물게 된다. 가족이 운영하는 공장의 원청업체와 가까운 곳이기도 했다. 그리고 군수산업으로 돈을 번 할아버지의 아름다운 저택이 있었다.

일본이 항복하기 한 달 전, 우쓰노미야는 폭격을 맞아 도시 절반이 폐허가 되었다. 하야오의 가족은 피해를 입지 않았지만, 다시 있을지 모를 폭격을 피해 거처를 옮길 수밖에 없었다.

큰아버지가 회사트럭을 몰고 왔는데, 요즘의 트럭보다는 훨씬 작아서 사람을 태울 공간이 비좁았다. 폭격을 피해 도망친 사람들이 도로 가장자리에 몰려 있었다. 유년의 하야오는, 기억이 정확하진 않지만, '저희 좀 태워 주세요!'라는 여자 목소리는 또렷하게 들었던 것 같다. 자신이 직접 들은 것인지, 아니면 부모님이 하는 이야기를 듣고 자신이 들었다고 착각하는 것인지조차 분명하진 않다. 그러나 평생 트라우마로 지고 살게 된 죄책감이다.

한 여자가 어린 소녀를 안고 우리에게 뛰어와 '저희 좀 태워 주세요!'라고 외쳤다. 하지만 하야오 가족을 실은 트럭은 그대로 가버렸고, 소리는 점점 멀어졌다. 형의 기억으로는 트럭이 작아서 가족 이외에는 더 이상 사람을 태울 공간이 없었다. 그러나 하야오의 죄책감을 털어 낼 변명은 되지 못했다.

"사람들이 가난에 허덕이는 동안 군수산업에 기대 부자가 됐고, 사람들이 죽어 가는 동안 그 귀한 휘발유를 써가며 트럭을 몰아 탈출했고, 태워 달라고 애걸하는 사람들을 보고도 외면했다는 사실은 네 살짜리 자아에 중요한 부분이 됐다."

자신이 부모였고, 내 아이가 차를 세우라고 했다면 자신은 세웠을 것이라고 말한다. 그러나 4살의 하야오는 차를 세우라는 말도 못 했다. 만약 그런 아이가 존재해 차를 세웠더라면 얼마나 좋았을까 하는 뒤돌아선 가정을 해보기도 한다.

이 뿌리 깊은 죄책감이 그의 작품들에 투영된다. 그가 그때 할 수 없었던 걸 할 수 있는 소년. 소녀에게 무슨 일

이 있으면 언제든지 달려와 지켜 주는 코난과 파즈, 하울,
하쿠, 아시타카 등은 그런 '타자'였다.

　유년의 기억으로부터 한 발자국도 벗어 나오지 못하는,
거장의 진정성을 의심하고 싶지 않은 이유이기도….

「바람계곡의 나우시카」
◈ 선악의 저편 ◈

1982년 2월부터 시작된 연재는 영화 제작으로 인해 몇 번인가의 긴 중단 기간을 거치면서, 1994년 12월까지의 통산 13년에 걸쳐서 완결을 보았다. 「루팡 3세 : 칼리오스트로의 성」이후 영화 일은 없었으며, 「명탐정 홈즈」의 작업이 중단된 상태였던 미야자키가 그 외에 다른 작업 예정도 없는 상태에서 그리기 시작했던 것이 「바람계곡의 나우시카」였지만, 연재가 종료될 때에는 일본을 대표하는 감독이 되어 있었다. 이 작품은 완결 후 제23회 일본만화가협회상을 수상했다.

- 키리도시 리사쿠

첫 극장판 연출작이었던 「루팡 3세: 칼리오스트로의

성」이 흥행에 실패하면서, 하야오는 다시는 극장용을 연출하지 않겠다는 체념에 빠져 있었단다.

「명탐정 홈즈」는 우리나라에서도 '명탐정 번개'라는 제목으로 방영이 된 적이 있는 TV 시리즈다. 처음에는 하야오에게 연출이 맡겨졌으나, 방송사 측에서 이런저런 요구로 그를 짜증 나게 했었던가 보다. 결국 몇 편을 만들다가 제작은 중단되었고, 이후에 미야자키 하야오가 빠진 상태에서 다시 제작된 작품은 그냥저냥 평작이라는 평가만이 남았단다.

하야오는 만화가로서의 꿈도 지니고 있었다. 이도 저도 안 되는 짜증 나는 상황에서 그리기 시작한 작품이 「바람계곡의 나우시카」였다. 만화로 연재하던 이야기를 각색해 극장용으로 개봉한 작품으로부터 미야자키 하야오의 신화가 시작된다.

훗날 「신세기 에반게리온」을 감독한 안노 히데아키가 거신병의 작화에 참여했다. 당시 그는 학창시절에 그린 그림을 들고서 제작사를 찾아왔는데, 하야오는 그 그림들을 보고서 바로 채용, 그 즉시 원화 작업에 투입했다. 애니메이션 업계에서는 이례적인 일이란다. 하야오의 전폭적인

지지를 안고 그려 낸 거신병은 에반게리온의 모티브가 된다. 이때 이미 에반게리온의 신화도 시작되고 있었다.

하야오가 애지중지하는 책 중에 하나가, 작업실의 한 면을 차지하고 있는 식물도감이다. 그 지평이 유감없이 발휘된 '생태주의'적 작품이기도 하다. 성장일로의 시기에 일본 정부와 기업들은 환경오염 문제에는 관심이 없었다. 그보다는 경제성장이 우선이었다. 그러다 발발한 여러 사건들이 이 작품을 기획한 직접적인 계기가 되었다.

인류는 수 세기에 걸쳐 고도화 된 산업사회를 발전시킨
다. 그 결과 자연의 자정 능력은 한계에 이르렀고, '불의 7
일'이라 불리는 전쟁에 의해 문명은 붕괴된다. 그로부터
천 년이 지난 시점, 바다는 강한 산성으로 출렁이고 있고,
대부분이 불모의 땅으로 남은 대지는 독가스를 배출하는
부해(腐海)라는 '숲'으로 점차 뒤덮여 가고 있는 중이다.

 실상 이 부해는 지구를 정화시키는 과정에서 독을 내뿜
고 있었다. 그러나 인류는 독에 의한 피해에만 민감할 뿐,
그 독이 누구에게서 비롯된 것인지에 대해서는 무심하고
무지하다. 부해의 기능을 이해하지 못하는 인류는 부해를
소멸시키려고 든다. 거대 곤충들은 인류로부터 이 부해를
지키기 위해 인류와 대치한다.

 '바람계곡'의 사람들은 바다에서 불어오는 바람으로 인
해 독의 피해를 피해 갈 수 있는 환경 속에 살고 있다. 그
들은 부해의 곤충들을 적대시하지 않으면서 부해와 더
불어 살아가는 방법을 체득해 왔다. 그러던 중 이 마을에
토르메키아 왕국의 비행선이 불시착하는 사건이 일어난

다. 비행기 안에는 포로로 잡힌 페지테 왕국의 공주가 있었고, 천 년 전 '불의 7일'에 사용되었던 '거신병'을 되살려 내고자 하는 프로젝트가 실려져 있었다. 이것을 회수하고자 한다는 빌미로 토르메키아가 바람계곡을 쳐들어오면서 나우시카와 바람계곡 사람들은 전쟁에 휘말리게 된다.

부해의 숲과 거대한 괴물 곤충들은 인류가 스스로 초래한 재앙이다. 하야오는 나우시카를 통해, 그것들이 누구의 입장에서 '괴물'이고 '재앙'인가에 대해서까지 묻고 있다. 인류가 저지른 죄악에도, 자연은 나름의 생존전략으로 적응을 했다. 그들의 진화 방식을 인류는 '악'으로 규정한다. 그러나 자연은 독소를 정화하는 과정에서 채 정화되지 못한 여분의 독소를 배출하고 있었을 뿐이다.

인류가 보기에는 흉측한 모습인 괴물 곤충들은, 인류가 그 정화의 보루마저 무너뜨릴까 봐 독소의 자연을 수호하고 있었다. 나우시카는 자연의 편에 선 인류이다. 정작 공존의 토대를 먼저 파괴한 인류임에도, 저 자신들이 행한 결과가 트라우마로 남아, 그 비슷한 어떤 부정성에도 민감하다. 그 부정성이 실상 인류까지 지켜 내고자 한 노력이었다는 사실을 알지 못한 채….

거신병을 되살려 내려는 프로젝트는 '흉측한' 자연을 소멸시키고 인류를 구원한다는 명분이지만, 그 이면에는 남은 인류의 정치 역학이 맞물려 있다. 아주 오래전 그로 인해 자신들의 터전을 스스로 파멸시켰음에도, 인류는 여전히 정신을 못 차리고 있다. '흉측한' 자연의 저의를 알게 된 나우시카는 인류의 반성과 각성을 촉구하지만, 인류는 되레 자연을 빌미로 전쟁을 벌인다.

니체에 따르면, 도덕이란 것도 '미적 취향'이다. 그 가치 체계의 결에 비껴 서지 않는 미학만이 도덕이다. 태초의 인류에게 익숙한 미학 범주의 밖은, 생존을 위해서라도 일단 경계를 하고 봐야 하는 문제였다. 가령 백인 종족에게, 낯선 유색 인종의 등장은 자신들의 공동체에 어떤 영향을 끼칠 것인지를 알 수 없는 불안이었다.

이런 감각의 논리로 이어진 백인우월주의의 세계사이기도 한 터. 꽤 오랫동안 유럽인들에게 유럽 밖의 인종들은 아직 자연이었다. 또한 유럽인만이 '인류'였다는 푸코의 고찰. 하여 이미 원주민들이 살고 있던 대지를 자신들이 발견을 했노라 여전히 말하고 있다. 그 긍지에 저항하는 자연은 악이다. 예전 서부 영화에 등장하는 인디언들이 악으로 묘사되었던 것처럼….

동양이나 서양이나 '악(惡)'으로 상징되는 1순위의 동물은 뱀이 아닐까? 그리고 그 뒤를 잇는 순위가 아마도 각종 곤충류. 한자에서는 이 모두에 虫의 부수가 붙는다는 사실이 자못 흥미롭다. 우리나라의 언어 습관으로는 넓은 의미에서 모두 '벌레'인 것들. 스파이더맨과 가면라이더 정도를 제외하면, 영화 속에 등장하는 괴물들은 거의 모든 경우가 이 '벌레'를 형상화한 것임을 알 수 있다. 심지어는 외계에서 지구를 침략하는 생명체들까지 지구의 파충류와 절지류를 닮아 있다.

'벌레'들이 그런 외관으로 계통을 유지해 온 데에는, 이 지구에서 살아남기 위한 나름의 이유가 있을 터. 더군다나 멤버십으로 쳐도 인간보다 더 오래전부터 지구에 살고 있던 생명체들이다. 그런데 뜬금없이 나타나 자신들 기준에서의 '문명'을 만들어 낸 까마득한 후배들이, 난데없는 미학적 잣대로 선배들을 악으로 규정하고 있는 셈.

善과 惡이라는 한자 자체가 니체가 말한 도덕의 속성을 담고 있다. 善과 惡은 그 자체로 도덕인 것이 아니라. 이미 헤게모니를 선점한 기득권에게 善은 '좋은 것'인 동시에 '착한 것'이었다. 惡은 '싫고 추한 것'인 동시에 '악한 것'이었다.

하야오는 어렸을 적에 읽은 「벌레를 사랑한 공주」라는 일본 전통 우화와, 호머의 서사시에서 오디세우스를 구출하는 공주 나우시카로부터 바람 계곡의 공주를 탄생시킨다.

나우시카는 자연에 깊은 관심을 보이고, 거대 곤충들과도 교감한다. 촉수로 소통하는 모습은 영화 「아바타」를 떠올리게도 한다. '벌레'와의 관계는 그녀의 유년시절로까지 거슬러 올라간다. 어린 벌레를 어른의 손길로부터 구하고 싶었던 소녀는, 어른들이 지닌 곡해와 단정의 시선에 저항하는 순수를 대변한다. 그 순수는 나약하지 않다. 되레 그녀를 강인한 전사로 길러 낸다.

실상 벌레들은 인류의 폭력에 저항하고 있었다. 벌레들은 자연의 재생과 치유 능력을 지켜 내고자 인류의 개입을 거부했던 것. 그러나 인류는 자신들이 지금도 무슨 잘못을 저지르고 있는지에 대해서는 끝까지 무지하다.

하야오의 몇몇 작품에서는 소녀와 대치하는 성숙한 여인이 등장한다. 그릇되었다기보다는 왜곡되어 있는 신념, 그러나 그 나름의 정당성을 지닌, 이 또한 강인한 여성상이다. 소녀와 숙녀가 지닌 강인함은 모두 하야오의 어머니에 대한 투영이란다. 오랜 기간 병상에 누워 있었던 어머니에 대한 연민이 고스란히 녹아들었다. 어머니는 몸이 편찮았지만 그렇다고 나약한 여성상은 아니었다. 그리고 이 「바람계곡의 나우시카」를 제작할 시기에 돌아가셨다.

하야오에 대한, '페미니즘'에 관한 평들도 많이 있지만, 그 기저에는 어머니에 대한 그리움이 존재한다.

나우시카가 타고 다니는 '메베'는 도르메키아의 거대한 전함 '콜벳트'나 전투기인 '건십'과는 질적으로 다르다. 콜벳트나 건십을 바람을 가르며 날지만, 메베는 바람을 타고 난다. 따라서 그것은 바람의 흐름을 읽을 줄 아는 자만이 움직일 수 있는 도구이다. 바람-메베-나우시카, 이 계열은 어느 하나로 환원되지 않으면서 긴밀하게 서로 연계되어 있다. 그녀의 약동하는 생명력은 이 메베 없이는 상상할 수 없다. 그런 점에서 그것들은 일종의 '공동 신체'이다.

『이것은 애니메이션이 아니다』라는 책에 실린 고미숙 작가의 설명은, 철학자 들뢰즈의 언어를 빌리고 있다. 나우시카도 문명의 이기를 사용한다. 그러나 자연과의 교감을 통한 비행은, 자연을 이해하는 신체의 능력을 필요로 한다. 이 구도의 확장이, 자연과 더불어 살아가는 바람 계곡의 사람들이다. 고미숙 작가는 자연의 부메랑에 맞서 다시 한 번 문명으로 자연을 억압하는 쪽의 입장도 이해한다. 결국엔 그들도 '다 살자고' 하는 노력이었다는 것.

철학자 고병권은 이렇게 말했다.

「바람계곡의 나우시카」는 인간과 자연의 대립이 잘못된 관계에서 나타난 허구이며, 실상 자연은 우리 자신을 치유하는 생명의 힘이었다는 것을 보여 준다. 특히나 자연의 보복으로부터 인간을 구원할 것으로 기대했던 '거신병'이 사실은 자연과 인간을 모두 파괴한 장본이었다. 그럼에도 이 작품은 우리가 자연으로 돌아가기만 한다면 자연은 언제든 우리를 맞아들일 준비가 되어 있다고 말하는 것 같다.

… 이런 생각은 「바람계곡의 나우시카」 공개 뒤 얼마 후 미야자키에게 영화상이 수여되었을 때, 발표지에 자신의 사진이 아니라 스태프와의 전체 사진을 실은 모습에서도 드러나고 있다. …

- 키리도시 리사쿠

관련 저서들을 읽다 보면, 하야오는 일에 있어서는 다소 피곤한 스타일의 완벽주의자다. 그 완벽이란 게, 다소 자기중심적인 성향이기도 하다. 그 자신이 천재라는 사실이 다행일 정도로…. 그래서 포스트 미야자키가 지브리 스튜디오에서 배출되지 않는다는 평도 있다. 스태프들이 독립해 자신만의 작업을 하려 해도 미야자키 하야오의 관성에서 벗어나지 못하는 것.

그럼에도 일의 외적인 부분에서는, 재물욕도 명예욕도 없는 사람이다. 시상식에도 참석을 잘 안 한단다.

이런 면은 참 멋있다. 자신이 주인공이란 사실은 변하지 않고, 다른 누가 더 부각이 되는 것도 아니다. 되레 그런

미담을 통해 한 번 더 하야오를 거론하게 되는 거고….

"미야자키 씨는 살아가는 자세와 애니메이션을 통해서 표현

해 가는 것이 전부 일치하고 있어요."

- 노무라 마사키

「원령공주 (모노노케 히메)」
◈ 거대한 자연 ◈

　이기동 교수의 『주역』 관련 저서에서 읽은 내용인데, 쓰나미가 동남아를 휩쓸었을 때, 그곳에 살고 있던 원주민들은 인명 피해의 집계 대상이 아니었다고 한다. 이상한 징후를 미리 감지한 원주민들은 이미 대피를 하고 있었던 상황, 피해는 고스란히 '문명'이 감당한 몫이다. 문명의 독법에서 쓰나미는 재해이지만, 자연의 문법을 그대로 지키며 살아가는 이들에겐 재해라기보단 그저 자연의 한 현상이었다.

　마을을 습격한 거대한 멧돼지, 인간들은 그를 '재앙의 신'이라고 부르지만, 정작 그 재앙은 신으로부터가 아닌 인간들로부터 야기된 것이었다. 멧돼지의 몸에 박힌 총알은 인간의 욕망을 대변하는 상징이었으며, 재앙의 '신'이란 호칭은 자연의 역습에 대한 인간이 투영한 일말의 가책이기도 하다. 「원령공주」의 서사는 마을을 구하기 위해 재앙의 신을 죽인, 아시타카의 팔에 걸린 저주로부터 시작된다. 그리고 그 저주는 자연과 더불어 살아가지 못하는 인류가 짊어져야 했던 저주이기도 하다.

미야자키 하야오에 따르면, 현대인들 중에서도 '아토피에 걸린 소년'을 염두에 둔 설정이기도 하단다. 아시타카가 팔에 새겨진 저주를 풀고자 숲의 신을 찾아가는 여정은 결국 어떤 알레고리로 볼 수도 있다.

"추상적인 신은 우리를 변화시키지 못한다. 신은 우리를 통해 구체화되었을 때만 우리를 변화시킬 수 있다. 영화가 신을 찾아가는 아시타카로 시작했다면, 우리는 다시 인간으로부터, 즉 아시타가, 사무라이들, 지코, 에보시, 오토키 등으로부터 시작해야 한다."

철학자 고병권은 이 작품을 스피노자의 철학으로 해석한다. 스피노자가 신의 속성을 자연의 생명력으로 설명한 이유는, 교조적인 기독교 신앙에 대한 단순한 반동만은 아니었다. 신의 모습으로 창조되었다는 명분으로 신의 닷새 위에 군림하고 있는 인간의 오만과 어리석음에 대한 질타이기도 하다. 인류는 역사의 어느 순간부터 인간을 자연으로부터 분리시키기 시작했다. 더 나아가 자연은 극복의 대상이 되어 버렸고, 그것을 '발전'이라 여겼다. 하야오는 들개 모로의 입을 빌려 이런 인간중심적 사고를 비판하기도 한다.

"정말이지 인간은 자기 멋대로 생각한다."

문헌학자로서의 니체가 해석하는 그리스 신화의 타이탄족은 자연이 지닌 우연성이다. 자연의 기저에 흐르는 원리들을 이해할 수 없었던 시절엔, 자연은 인류에게 거대한 우연이었다. 이 타이탄족에게서 올림푸스의 신들이 태어난다. 즉 예측할 수 없는 자연의 우연성과 필연을 바라는 인간의 신앙 사이에 잉태된 조율의 존재가 바로 신이다.

니체는 '인간과 자연'이란 구절에서 '과'의 접속사에 웃음을 참지 못한다. 인간은 자신들이 자연'과' 동급의 존재들인 줄 알고 있다. 인간 역시 모든 자연과 더불어 신의 한 표현이라는 사실을 망각한 이후, 인간에게선 자연성이 사라져 버렸다. 인간은 더 이상 자연이 건네 오는 말을 듣지 못한다. 자연이 건네는 경고인들 알아들을 리 없다.

정신분석에서는 무의식과 의식을 야만과 문명의 역사, 개체와 계통의 반복에 빗댄다. 아이의 천진난만함은 태초의 인류가 지녔던 자연성이다. 어른의 세계로부터 주입되는 사회화는, 자연성의 본능을 조절하는 도덕적 판단을 학습하며, 문명과의 소통을 요구한다. 물론 '사회적 동물'이다 보니 사회화는 필요하다. 그러나 문명의 훈육 속에서 우리는 자연성을 점점 잃어 간다. 그 결과, 거대한 무의식의 열망보다는 그 사회가 미리 지정한 자리에 맞추려는 부속품으로 살아간다. 우리의 사고체계는 유년시절에 지녔던 거대한 상상의 힘을 잃고서, 문명에게 공증된 상징의 범주로 좁혀진다. 그래서 그 사회의 상징체계로 환산된, 좀 더 쉽고 직설적인 예를 들어 말하자면 돈으로 환산된 욕망에 시달리며 살아간다.

하야오의 작품에서 자연은, 그의 또 다른 주제인 동심의 순수와도 맥이 닿아 있다. 거대한 자연 속에서 자라난

원령공주는, 하야오가 지향하고 있는 주제를 가장 잘 대변하는 상징인지도 모르겠다. 좁은 지평만큼으로 작아진, 문명과 어른들에게 던지는 거대한 질문이기도 하다.

도올 김용옥 교수가 그런 이야기를 한 적이 있었는데, 1970년대까지만 해도 일본의 지식인들은 스마트했단다. 68혁명의 열기가 일본에까지는 전달이 된다. 하야오는 청년시절을 좌익의 물결 속에서 보냈다. 마르크스주의자였던 이력도, 그 시대의 여느 청춘과 같은 열정이었다. 그가 만화가로 데뷔한 계기도 좌익 단체의 기관지를 통해서였다. 당시 일본의 많은 좌파들이 환경운동에 뛰어든 것처럼, 그 역시 환경문제에 큰 관심을 보였다.

　하이데거는 근대의 과학기술이 인간의 불안으로부터 나온 것이라고 지적한다. 자연의 불확실성에 맞서기 위해 인간은 자연을 관리할 수 있는 형태로 만든다. 우리의 불안은 우리가 그것을 통제할 수 있는 형태가 될 때까지, 하이데거의 표현을 빌리자면 '자연을 닦달하는' 증상으로 나타난다. 「원령공주」에서 등장하는 인간들은 거기서 그치지 않고 자연이 지닌 생명력을 탈취하려 한다.

　… 자본주의 체제를 가로지르며 노동과 성차, 병리의 문제가

놓여 있다. 자연은 이렇게 복잡한 인간 사회와 접속하고 있는 것이다. 왜 '환경친화적' 입장만으로 문제를 해결할 수 없는지, 왜 환경 운동은 노동 운동과 관계하고, 여성 운동과 관계하며, 병리적으로 간주된 소수자들의 운동과 관계하는지를 너무도 잘 보여 주고 있는 것이다. …

『이것은 애니메이션이 아니다』라는 책에 실린 철학자 고병권의 평론. 그는 '에보시'라는 인물을 비중 있게 다룬다. 여성과 나병 환자처럼, 당시로서는 사회적 약자 취급을 받는 이들과 함께 생활하는 공동체의 수장에게 철광산은 경제적 기반이다. 저들은 노동을 제공하고, 에보시는 그들을 보살핀다. 그런 선(善)을 지탱하는 동력의 대가는 자연의 파괴다.

자연의 입장에서는 자신들의 터전을 침범받는 악의 연대기, 자연의 편에 선 소녀 '산(원령공주)'은 인간의 대척에 있는 인간이기도 하다. 그러나 에보시의 휘하에는 산짐승에게 남편을 잃은 여성들도 있었다. 누가 먼저 악이었는지는 또 애매한 인간과 자연의 역사. 자연이나 인간이나 '다 살자고 했던 일'들이 결국엔 척을 지는 결과를 초래했다.

제철소를 경영하면서 자연의 파괴에 아랑곳하지 않는 에보시에 대해서 하야오는 '행동력과 이상을 확실하게 갖고 있는 인간'으로 설명하고 있다. 에보시는 문명의 이기를 위해 자연을 닦달하기 시작한 근대 이성의 상징이기도 하다. 그로써 자연의 주술성을 약화시키려 하는, 또한 아직은 주술의 시대에 걸쳐 있는 과도기적 이성이기도 하다.

그 주술이 지닌 생명력을 불노의 묘약으로 믿고 있는 조정의 욕망까지 끼어들어 자연을 억압한다. 그러나 숲을 관장하는 사슴신(시시가미)은 인간들의 만행을 막지 않는다. 그 또한 살고자 하는 본능으로 행하는 생의 의지들이며, 그 또한 자연이 감당해야 할 자연의 일부이다.

「원령공주」는 '인간이 자연을 파괴할 때조차 절대적 자연의 관점에서는 그 질서에 위배되는 것이 아니라는 사실을 말하고 있다. 자연과 인간의 문제들이 인간과 인간 사이의 문제로부터 생겨나며, 인간에 내재된 잠재적 능력과 잠재적 자연을 통해서 과거로 돌아가지 않고도 얼마든지 자연과 좋은 관계를 맺을 수 있다. 중요한 것은 인간이나 자연을 악하게 만들어 온 관계들을 총제적으로 바꾸어 내는 일'(고병권)이다. 니체가 '대지의 피부병'이라 일컬었던 인간도 결국엔 그 대지의 일부이니까.

『도덕경』의 구절을 빌리자면 천지불인(天地不仁), 자연은 인자하지 않다. 생존을 위해 어린 양을 잡아먹는 어른 늑대가 부도덕인 것이 아니듯, 살아 보겠노라 숲을 파괴하는 인간들 역시 악이 아니다. 그래서 시시가미는 일절 관여하지 않는다.

인간의 양을 해치는 늑대를 악으로 규정하려면, 늑대를 몰아내고 목장을 지은 인간은 '선'인가 말이다. 그렇듯 적지 않은 경우, 악은 선으로 점철되어 있다. 인간을 악으로 규정하는 숲의 동물들 역시 이미 그 인간성에 물들어 있었다.

그렇다면 시시가미의 목이 잘린 후 벌어지는 자연의 역습은 어떻게 해석해야 할까? 자정의 임계치를 넘어선 것. 지금 일본의 행태가 그렇기도 하다. 물론 일본만의 문제는 아니다. 일본이 자연의 목을 겨냥했다뿐, 전 세계가 동조자이기도….

고병권의 해석은 '자연친화적'이라는 명분도 절대적 선으로만 규정할 수 없는, 복잡하게 얽힌 악의 사슬 속에서도 살필 필요가 있다는 것. 그만큼 미야자키 하야오의 주제의식은 간단하지 않다.

장하준 교수의 『사다리 걷어차기』에도 비슷한 맥락의 사례가 언급된다. 자연을 닦달하여 먼저 선진국 반열에 오른 국가들은, 당장에 그것밖에 할 수 없는 후발 주자들의 자연 닦달을 비판하며, '인류'라는 명분을 내걸고 실상 자기들의 미래만 걱정한다. 당장 죽게 생겨서 숲을 불태워 농사라도 짓겠다는 이들에게 자연친화적이란 주제가 와닿겠냐 말이다. 전기자동차 전지에 사용하는 리튬의 생산지는 또 환경파괴가 심하다는, 역설인지 인과인지를 모르겠는, 하여튼 부조리.

「원령공주」에 등장하는 거대한 동물들은 『걸리버 여행기』의 '거인국' 편을 연상케 한다. 『걸리버 여행기』에서는 거인국의 왕정 도서관에 소장된 어느 논문에 거대함에 관한 비밀이 적혀 있었다. 원래 인류는 거인족이었다. 거대한 동물은 태초의 모습 그대로를 간직한 자연이다. 자연을 극복하는 문명의 방법론들이 점점 더 발전해 감에 따라 자연은 점점 기력을 잃어 가기 시작했다. 그 결과 자연은 이전에 비해 조그맣고 불완전한 생물만을 생산한다. 기술의 발전은 신체적 능력의 퇴화를 가져왔고, 인간도 자연의 축적을 따라 점점 왜소해져 갔다.

「원령공주」에서도 태곳적 크기를 유지하고 있는 동물들은, 아직 잃어버리지 않은 본래의 자연성에 대한 상징이다. 그 반대의 경우가 인간들에게 숲을 빼앗기고서, 인간들에 대한 증오를 도리어 숲과의 반목으로 몸집이 쪼그라든 멧돼지들이다. 「원령공주」에서의 표현을 빌리자면 '인간들처럼' 작아진, 자연답지 못한 모습이다.

거대한 들개의 딸로 살아가는 산(원령공주)은 자연성을

잃어버리기 전의 인간이며, 저마다의 명분으로 자연과 대치하는 인간들의 욕망은 자연성을 잃어버린 이후의 시간으로 해석할 수도 있겠다. 자연성을 잃어버린 인간들에게 자신들의 욕망에 방해가 되는 자연은 극복해야 할 대상이다. 이 지점이 니체가 집요하게 파고든 모순의 인과율이다. 악으로 인식하는 대상에게 내가 먼저 악이었다는 사실은 인과의 성립 과정에서 배제되고 잊혀진다. 때문에 아시타카와 산에게 코다마(숲의 요정)는 숲이 풍요롭다는 증거였지만, 숲의 나무를 베어 내고 철광산을 개척하는 인간들에겐 '흉폭한 우두머리'인 시시가미를 불러들이는 요물일 뿐이다.

석유는 땅 속에 묻혀 있을 때는 자연이지만, 사람의 손에 의해 세상 밖으로 끄집어내지는 순간 자연에 반하는 오염원이 된다는 사실도 신기하지 않나? 인간이 탐하는 광물 역시 마찬가지, 철이 인간에 손에 닿는 순간 그것은 더 이상 자연의 일부가 아닌 문명의 일부가 된다. 아이러니는 자연을 밀어내고 차지한 자리에서 문명이 만들어 낸 폐해는 결국엔 문명에게로 되돌아온다는 사실이다.

재앙의 신을 죽이는 과정에서 저주에 걸린, 그러나 시시가미 신으로부터 상처를 치료받은 아시타카는, 인류의 과오와 반성에 대한 인격화라고 볼 수도 있지 않을까? 아직 원초적 자연성을 다 잃어버리지는 않았지만, 또한 자연에게는 다른 인간들과 별반 다를 것 없는 '적'이다. 그러나 그 모두가 공존해야 할 존재들이라는 사실로 깨닫는 '오래된 미래'의 모습이기도 하다.

숲의 정령인 사슴신(시시가미)은 숲의 생과 사를 관장하고 있으면서도 죽어 가는 것들에게 그 어떤 관용도 베풀지 않는다. 그저 죽음을 거두어들일 뿐이다. 또한 살아 있는 모든 것들의 생명을 일부러 빼앗지 않는다. 그래서 숲을 위협하는 인간들의 욕망에도 관여를 하지 않는다. 하지만 도를 넘어선 인간의 욕심이 시시가미의 목을 베기에 이르자, 시시가미는 숲과 인간 모두를 파괴하기 시작한다. 아시타카와 원령공주의 분투 끝에 시시가미는 다시 얼굴을 되찾고, 자신이 파괴했던 숲을 자신의 희생으로 다시 되살려 놓고 사라진다.

하야오는 신의 존재의미에 대한, 다분히 스피노자적이면서도 노자적인 철학을 아시타카의 입을 빌려 특유의 화풍에 흩뿌린다. 시시가미의 죽음에 대한 원령공주의 상실감을 위로하는 아시타카의 마지막 대사.

"시시가미는 죽지 않았어. 시시가미는 생명 그 자체니까."

하야오의 작품에서는 대개 진취적이고 독립적인 성향을 지닌 소녀들이 주인공이다. 페미니스트라는 평도 있는 하야오에게 소녀는 어떤 의미일까? 한 일본 평론가의 견해를 빌리자면, 아직 어른이 아니고 성장의 이후에도 남성 중심주의에 포획되지 않는 눈으로 감지할 수 있는 세계를 대변한다.

"만약 남성 위주로 모험담을 다룬다면 결국, 나치, 즉 누가 보더라도 악한 세력인 어떤 적과 맞서는 「인디애나 존스」 같은 영화를 만들 수밖에 없을 것입니다."

남자 주인공으로는 관습적인 이야기밖에 만들 수 없을 것 같았다는 하야오의 소회.

아이들이 대개 그러하지만, 소녀와 소년은 어른들의 훈육으로 저 자신의 소녀다움과 사내다움을 훈육받는다. 들뢰즈의 견해로는 소녀가 보다 먼저 '생성을 도둑맞는' 대상이다. 소년은 그렇게 자라나는 소녀들에 준해, 그러니까

코드화된 여성에 대한 남성으로 자라난다. 보부아르의 말마따나, 여자로 태어나는 것이 아닌 여자로 길러지는 사회적 관습. 그와 더불어 그 사회의 남자로 길러지는 덧코드화. 요즘이 어떤 시절인데 이런 이야기를 늘어놓느냐는 반론이 있을 수도 있겠지만, 들뢰즈도 70년대가 전성기였던 철학자라는 사실을 감안할 일이다.

하야오와 들뢰즈에게서 소녀는 아직 남성중심주의 체계에 길들여지지 않은 시간이다. 사회적 관습으로 미리 결정되어 있는 시간을 향해 가는 성(性)이 아닌, 무엇이든 될 수 있는 성이다. 다시 말해 소녀는 어린 여성을 지칭한다기보단, 체계에 길들여지지 않는 시간을 의미한다. 이원과 환원에는 거부감을 느꼈던 들뢰즈인 터라, 남성과 여성으로 이원화되고 남성다움과 여성다움으로 환원되는 성도 거부한다. 그 사이에는 각자의 성향으로 변별되는, 존재만큼의 성이 있을 뿐이다.

그러나 우리가 과연 체계로의 예속을 거부할 수 있는가의 문제, 그것은 곧 소속과 안정과 편의를 의미하기도 한다. 아무리 엿 같은 직장 생활이라도 쉬이 탈주를 결심할 수 없는 이유이기도 하지 않던가. 그 체계를 벗어날 수 있는 이들은 소수에 불과하다. 들뢰즈가 말하는 소수란 보편과 일반 혹은 다수의 담론에 휘둘리지 않는, 각자의 스토리텔링을 욕망하는 이들이다.

관습적인 이야기의 밖으로 탈주하는 소녀는 그런 '소수-되기'의 상징이다. 하야오의 작품 중에서 가장 대표적인 경우는 「원령공주」에 해당하지 않을까? 그러나 「원령공주」 자체가 이미 다수의 담론에 해당하는 거장의 작품이라는 역설. 들뢰즈 식으로 말해 보자면, 우리가 마치 미야자키 하야오가 누구인지를 몰랐던 것처럼, 그의 작품을 대할 때, 그것은 다시 소수적이게 된다.

「너의 이름은」의 배경으로도 유명한 한 식당의 디자인을 나도 꽤 인상적으로 보긴 했었는데, 거기가 미술관이란 사실은 강상중 교수의 에세이를 읽고서 알았다. 강상중 교수는 글로벌 자본주의를 상징하는 롯폰기에 위치한 미술관이라는 사실에 큰 의미를 부여한다.

현대 경제를 마르크스로 설명할 수 있는 것도 아니지만, 적어도 경제구조로부터 소외받는 인간의 문제에 관해서는 여전히 현재진행형이다. 종교를 '아편'에 비유하며 비판하기도 했지만, 산업사회의 절정에 치닫자 인류는 되레 영적인 문제에 관심을 갖기 시작했고, 다시금 신앙에서 위안을 찾으려 들었다.

강상중 교수는 그 대표적인 사례로 옴 진리교를 든다. 일본의 많은 고학력자들이 왜 그토록 말도 안 되는 종교에 빠졌던 것일까? 에리히 프롬의 저서를 인용하자면, 자본의 시대에 시장적 성격으로 성장한 이들 중에는 그 정서의 결여를 매워 줄 대상에 끌리는 경우가 있단다.

일본의 경우는 버블 경제가 꺼지면서 그런 단계로부터

도 벗어난 것 같단다. 그리고 지금은 미술이 그 영적 자리를 대신하고 있는 듯하다고…. 도시인들은 일상 세계와는 다른 무언가를 느껴 보고자 하는 기대로 미술 세계의 문을 두드린다.

버블이 터지고, 그들 스스로 '잃어버린 10년'이라고 표현하는 시기에 공전의 대히트를 한 작품이 「원령공주」다. 고대 신화의 모티브가 일본인들의 정신에 내재되어 있는 순수를 건드렸다는 평.

「원령공주」의 토대는 아이누족의 신화다. 일본은 한반도에서 건너간 후예들이 체제의 중심에 자리 잡으면서 원주민들은 홋카이도 쪽으로 밀려났단다. 미야자키 하야오 애니메이션에 등장하는 노파의 공통된 이미지들이 아이누 족의 모습이다. 아시타카에게 '재앙신'의 저주를 풀 방법을 찾게끔 조언을 해주는 무녀가 그런 모습이기도 하다.

한 인터뷰에서 일본의 신화를 토대로 하는 작품인가에 대한 질문에, 하야오는 『길가메시 서사시』에서 더 영향을 받았다고 대답했다. 실상 어느 나라의 신화이든 간에 비슷한 스토리 구조의 신화소(素)를 지니고 있기도 하다. 그리고 이런 점이 그가 전 세계를 매료시킬 수 있었던 한 원동력으로 꼽는 평론가도 있다.

　서구의 신데렐라와 한국의 콩쥐팥쥐 이야기는 여러모로 닮아 있다는 생각을 해본 적 없나? 모세는 신의 가호로 바다를 갈랐고, 주몽은 신의 가호로 물고기와 자라들이 몰려와 다리를 놓아 준다. 이 또한 비슷한 구조의 서사로 볼 수 있지 않을까? 때문에 정신분석이 신화를 연구하는 것이기도 하다. 프로이트는 이런 판타지들이 지닌 상징성이 정신의 구조를 반영한다고 생각했다. 또한 그런 신화적 상상력이 어디서 왔겠는가를 물었고, 그 대답이 『꿈의 해석』으로도 이어지는 것.

　정신분석의 계보라고까지 할 수는 없겠지만, 이 영역에서 대중적으로 가장 널리 알려진 신화학자가 조지프 캠벨이다. 캠벨은 신화들이 지닌 공통된 서사의 구조를 분석해, 기승전결의 세세한 하위 목록을 정리해 두었다. 그리고 많은 크리에이터들이 이 매뉴얼을 활용했단다. 하야오의 작품들은 이런 이야기 구조론에 부합하는 구성들이기에, 그 자체로 이미 인문학적 보편성을 갖추고 있었다는, 그래서 글로벌 시장에서 통할 수 있었다는 어느 평론가의 글이 꽤나 설득력 있게 들린다.

반면, 지브리 스튜디오의 프로듀서 스즈키 도시오는 그 성공 비결을 다음과 같이 말했다.

"어쩌면 영화의 '미숙함'이 오히려 매력으로 이어진 게 아닐까? 세상에서는 '미야자키 애니메이션의 집대성'이라고 추켜세웠지만 내 생각은 조금 다르다. 미야자키 애니메이션의 집대성이라면 하늘을 나는 장면을 포함해 미야 감독의 주특기를 잔뜩 담았을 것이다. 그런데 그는 주특기를 전부 봉인한 채 지금까지 하지 않았던 표현에 도전했다. 따라서 완성도라는 면에서 볼 때는 아주 높다고 말하기 어렵다. 그 대신 「모노노케 히메」에는 신인감독의 작품에서나 볼 수 있는 난폭하기까지 한 싱싱함과 거친 기운이 담겨 있다."

읽고 보니, 하늘이 주된 공간이 아니었다는 사실을 새삼.

02

하늘, 그 저주받은 꿈

「천공의 성 라퓨타」
◈ 변화의 잠재성 ◈

불길에 휩싸인 성, 플랩터(공적단의 소형 비행기)를 가까이 댈 수도 없고, 날아오는 기체에 시타가 뛰어오를 수도 없어서, 파즈는 기체에 몸을 거꾸로 매달고, 기체를 운전하는 도라는 한 손으로 그런 파즈를 지탱하며 시타에게 다가간다. 파즈가 다가오자 시타는 허공으로 한 걸음을 내딛어, 기체에 거꾸로 매달린 파즈의 품에 안겼고, 시타와의 엇갈린 포옹으로….

이런 장면은 문자로 아무리 자세히 설명해도 결국엔 한계가 있다. 유튜브에서 한번 찾아서 보시길. 이런 감동적인 연출은 도대체 어떻게 생각해 냈을까? OST의 제목 「너를 태우고」는 서로에 대한 믿음과 배려를 디딘 도약을

통해서…. 어쩌면 하야오의 가장 큰 주제는 사랑인지도 모
르겠다는 생각이….

지브리 스튜디오를 설립하고서 제작한 첫 작품으로, 물론 내용도 배경도 다르지만, 『걸리버 여행기』 3부를 모티브로 한다.

스위프트의 작품에서, 자기부상의 원리로 움직이는 성이 지배하는 영토는 그 자성과 부력을 가능케 하는 광석이 묻혀 있는 '발리바르비'라는 섬나라 전역이다. 라퓨타가 지상의 백성들을 지배하는 방식은 간단하다. 반란이 일어난 지역의 하늘로 날아가 해와 비를 가리는 것. 그도 여의치 않을 시의 플랜B는 사뿐히 내려앉아 도시를 깔아뭉개는 방법이다. 이는 스위프트의 조국인 아일랜드에 대한 영국의 지배를 풍자한 것이라고 한다.

하야오 작품에서의 '라퓨타'는 잊혀진 전설의 도시다. 시타는 그 후예로, 집안 대대로 전해지는 '비행석'과 그에 관한 비밀을 간직하고 있다. 정부 기관과 공적(空賊)단은 각자의 목적을 위해 시타를 쫓는다. 무스카는 정부를 위한다는 명분으로 라퓨타의 비밀을 파헤치지만, 실상 그도 라퓨타의 후예였다. 시타를 이용해 다시 한 번 라퓨타의 영화를 되살려 지상을 지배하고자 하는 야욕에 취해 있다.

공적단의 목적은 오로지 보물이다. 시타를 쫓는 와중에, 시타와 그녀를 돕는 파즈와 정이 들기도, 또 되레 그들의 도움을 입기도 하면서 같은 편이 된다. 수장인 도라는 츤데레 스타일의 할머니, 시타는 그녀를 친할머니처럼 대하기도 한다. 하야오의 동생에 따르면, 하야오가 어머니를 가장 많이 투영한 캐릭터이다.

소년 기술자 파즈는, 라퓨타에 대한 아버지의 증언이 거짓이 아니라는 걸 증명하기 위해, 자신이 만든 비행기로 라퓨타를 찾아가고자 한다. 이야기는 파즈가 사는 광산촌에 시타가 나타나면서 시작된다. 파즈는 시타를 데리고, 그녀를 쫓는 정부 기관과 해적단을 피해 달아난다. 이 과정에서 광산촌 마을 사람들은 공동체의 끈끈한 팀워크로 파즈와 시타를 지켜 낸다.

하야오는 이 작품의 구상을 위해 웨일즈로 답사를 떠난다. 당시에 광산업의 쇠퇴기를 겪고 있던 마을을 찾아, 과학기술의 발전이 초래한 사회 문제에 직면한 공동체가 생존을 위해 싸우는 모습을 관찰하게 된다. 그리고 그들의 강인한 생활력을 배경으로 스위프트의 고전을 재해석한다.

"제 영화 속에 그런 공동체의 힘을 반영하고 싶었습니다."

하야오가 웨일스를 답사할 때는 광부들의 파업이 끝난 직후였다. 쇠퇴일로에 들어선 산업에 종사하는 공동체가 생존권을 위해 끝까지 싸우는 모습에 강한 인상을 받는다. 그러나 그것이 시간의 뒤안길로 사라져 가야 할 사양산업의 운명이기도 했다. 먼 훗날, 자신으로 대표되는 2D 애니메이션 업계와 지브리 공동체가 겪어야 했던 시대적 변화와 관련해 돌아보는 지점이 아닐까 싶기도 하다.

하야오 작품 속에는 기본적으로 지나간 시절에 대한 향

수가 어려 있다. 물론 변해야 할 건 변해 가야 한다. 그러나 발전 그 자체를 진보라고 말할 수는 없다. 시대는 점점 편리의 방향으로 흘러가도, 반드시 좋아지는 것만은 아니라는 사실을 증명하는 풍경 중 하나가 마을 공동체 시스템이 아닐까?

오늘날에 과연 저런 공동체가 존재할까? 예전에는 아이들을 그 마을에서 다 키웠다. 동네 형아들 따라 다니다 보면 금세 하루가 지나가곤 했었는데, 오늘날에는 그 골목문화가 사라졌다. 때문에 주부들의 육아에 대한 주부들의 부담은 오히려 늘어났다. 그 시대의 조건이 달라지면 인간의 조건이 달라진다던 아렌트에 빌리자면, '정'으로 해결되던 사회적 문제들에 비용이 들기 시작하면서 인간은 점점 경제적 관점으로 세상을 바라보게 된다. 커뮤니티도 개인주의적 성향의 집단으로 변해 간다.

요즘 문제가 된 학부모 커뮤니티가 과연 공동체적 성향이라고 할 수 있을까? 그저 자기 아이를 위해 나머지를 이용하려 드는, 그저 집단화가 된 개인주의는 아닐까? 서로의 목적을 위해 손을 내밀지만, 결국엔 모두 다른 마음. 이 시대의 '우리'라는 개념은 날 중심에 두는 1인칭이나 다름없는, 내가 필요할 때만, 내가 필요한 방식 안에서만 '우리'인 건 아닐까?

스위프트의 원작에서 '천공의 성'은 기득권의 메커니즘을 상징한다. 하야오의 재해석에서는, 그 후예들이 지상의 세계와 더불어 살아가고 있었다. 시타의 비행석은, 이젠 세상에서 잊혀진 천공의 성과 옛 기득권들의 무기였던 로봇 병사들을 다시 가동시키는 열쇠이기도 했다.

철학자 고병권은 이 로봇 병사를 들뢰즈의 철학으로 설명하기도 하는데, 이는 곧 하야오가 문명을 대하는 태도이기도 하다.

라퓨타를 지키는 로봇 병사는 자연친화적이다. 그러나 본래의 제조 목적인 '병사'의 기능도 여전히 지니고 있다. 하야오는 기계 문명을 자연의 대척점으로 그리고 있지는 않다. 그 목적을 어디에 두느냐에 따라 충분히 화해와 조화가 가능한 영역이다.

들뢰즈의 철학에서는 '기계' 개념이 있는데, 하나의 체계를 의미한다. 그러나 고착화된 성격은 아니다. 이를테면 입이 어떤 대상에 접속하느냐에 따라 '소화 기계'가 되기도 하고 '호흡 기계'가 되기도 한다. 숨을 쉴 땐 호흡 기관으로서의 체계가 작동하다가도, 음식을 먹을 땐 소화 기관으로서의 체계가 작동한다. 또한 서로의 사랑을 확인할 땐 '사랑 기계'이기도 하다.

이 개념은 개체와 개체 간의 관계로까지 확대된다. 식당의 총체는 '서빙 기계'와 '요리 기계'로, '요리 기계'는 다시 '양파 까기 기계'와 '설거지 기계'로 나뉘고… 뭐 이런 식이다. 들뢰즈가 궁극적으로 말하고자 하는 바는 식당에 손님이 많을 땐 '설거지 기계'가 홀에 나와서 서빙을 돕기도 하는 경우다. 공적단과 함께 생활하면서 주방 일을 맡게 된 시타를 돕고자, '약탈 기계'인 공적단의 일원들이 '요리 기계'가 되듯, 기능과 역할은 고정되고 한정되는 것이 아닌 변화의 가능성을 담지한 열린 체계이다.

로봇 병사는 원래 '전쟁 기계'의 목적으로 만들어졌다. 이제는 잊혀진 도시가 된 라퓨타에서의 평화로운 일상 안에서 로봇 병사의 기능은 정원을 돌보는 '조경 기계'라고나 할까? '기계'로서의 작동 목적이 미리 정해져 있는 게 아니다. 그 맥락이 바뀌면 다른 기능과 목적이 생성될 수 있다. 메카닉 애니메이션의 신화인 '마징가'가 이런 경우. 마징가의 한자표기는 '魔神'이며, 악의 목적으로 창조되었지만 선을 위해 싸우는 로봇이다. 조종자에 따라 선악이 갈릴 뿐, 마징가 그 자체로는 절대악도 절대선도 아니다. 들뢰즈 식으로 쓰자면, '기계'가 접속하는 조건의 배치(아 장스망, agencement)를 바꾸면 다른 시간을 생성해 낸다.

철학에 이런 '기계' 개념이 왜 등장하는가 하면, 생물도 기계로 보는 기계론의 입장과 기계도 유기체로 보는 입장 사이에서의 종합이다. 이런 담론이 왜 필요한가 싶겠지만, 따지고 보면 이런 담론이 「공각기동대」와 「에반게리온」과 같은 콘텐츠를 만들어 낸 것이기도 하다.

이렇듯 하나의 체계에서 다른 체계로 옮아가는 방식을, 들뢰즈는 '되기'라고 표현한다. 로봇 병사는 원래 '전쟁 기계'로 만들어진 것이지만, 자연과 접속을 하면 정원을 돌보는 '조경 기계'가 된다. 그렇듯 작동 목적이 미리 지정되는 게 아닌 '기계' 안에는 다른 가능성들도 잠재해 있다. 자연을 돌보는 기계는 인간보다도 더 자연적이다.

'되기' 개념은 체계를 허물고 그 맥락 속에서 재정립되는 상태이다. 파즈와 시타의 적이었다가 나중엔 그들의 편이 되는 공적단의 경우, '약탈 기계'에서 '영웅 되기'로⋯.

하야오의 작품에는 '되기'의 잠재성, 그러니까 변화의

가능성을 열어 놓은 인물들이 있는 반면, 그저 '욕망 기계'로 굳게 닫혀 끝내 정신 못 차리는 인물들이 있다. 크샤나와 에보시 같은 성인 여자 캐릭터들은, 그녀들이 그렇게 될 수밖에 없었던 환경적 조건으로 변명을 해주기도 한다. 대척에 있는 소녀 캐릭터들과는 접속된 시간의 결이 달랐을 뿐, 그녀들에게도 아직은 순수했던 소녀 시절의 기억이 남아 있다는 열린 결말. 반면 어떤 악역들은 끝내 그 삿된 성격으로 최후를 맞이한다.

하야오가 디자인한 기체(機體)들에는 '스팀 펑크'라는 장르 명칭이 붙는데, 꼭 증기기관이란 의미가 아니라, 어딘가 모르게 앤틱한 면이 있는 디자인에 관한 표현이다. 시대 설정이 어느 시점이건 간에, 기술 문명을 표현함에 있어 하야오가 선택하는 장치들은 막 현대로 넘어오던 시대의 분위기를 지닌 낭만이다. 하야오는 기술 문명 그 자체를 비판하진 않는다. 그가 좋아하는 비행 메카닉들도 그 기술 문명의 산물이니 말이다. 다만 인류가 그것을 어떻게 사용하고 있는가에 대한 질문과 어떻게 사용해야 하는가에 대한 잠재적 대답을 보여 줄 뿐이다. 그 상징이 집약되어 있는 시타의 비행석이기도 하다. 그녀를 지켜 주는 수

호의 힘이기도 하지만, 대량 살상의 가능성을 지닌 파괴의 힘이기도 하다.

미야자키 감독은 과학기술의 발전은 폭력, 탐욕, 불공평의 수준과 비례한다는 입장을 보여 주고 있어서, 과연 과학기술이 사회 발전에 기여해 왔는가에 대하여 회의적인 인식을 하고 있다는 추론이 가능하다. 그러나 이것은 기술 자체에 대한 언급이 아니라 그것을 현명하게 사용하지 못하는 인간의 무능력함에 대한 비판으로 보는 것이 타당하다.

- 수전 네이피어

공적단들과 함께 생활하게 된 시타는, 단원 모두에게 사랑을 받는다. 이걸 로리타 증후군으로 해석하는 평론가들이 있다. 정신분석이 필수인 듯한 일본 지식계인 터라, 프로이트의 성적 코드에 꽤나 집착을 하는 경우가 있다. 라캉도 지적을 하는 프로이트 추종자들의 왜곡된 오바질. 하야오는 싸잡아 '오타쿠'로 지칭하면서, 그들이 공부를 하지 않아서 어떻게든 그 얕은 지식을 드러내고자 하는 지적 허영으로 치부한다.

　사랑스런 누군가가 내 일상 안으로 걸어 들어온 이후로 환기가 된 듯한 시간을 보내는 경험, 누구에게나 한 번쯤은 있지 않나? 그 애정의 대상이 연인일 수도, 동료일 수도, 조카일 수도, 자녀일 수도, 제자일 수도…. 이런 체험적 인문이 부족한 이들이 지식으로만 그런 관계의 양상을 설명하려다 보니, 모든 걸 자기 수준에서 바라보는 것.

　실제로 미야자키 하야오의 오타쿠 중에서 로리타 범죄를 저지른 경우가 있었단다. 그 오타쿠에게 하야오의 작품이 원인이었겠는가? 다른 작가의 작품을 봤어도 그랬을 문제지. 그러나 어느 평론하는 오타쿠들에겐 이 사건이 중요한 근거다.

반면 어떤 평론가는 하야오의 작품을, '성인 중심의 강압적인 동심주의가 아니라 아이들에게 밀착된' 경우로 설명한다. 하야오도 '굳이' 해명을 내놓았는데, 아이들은 자신의 치마가 펄럭이는 모습이 남들에게 어떻게 보여지는지를 신경 쓰지 않고서 저 자신의 목적에 충실하다. 그런 사실성에 입각한 표현들에 성적 욕망을 느끼는 게, 하야오의 탓일까? 오타쿠의 탓일까?

공적단과 함께 생활하게 된 시타에게 도라가 입을 만한 옷을 찾아 주는 장면에서는, 자신의 어린 시절 그림이 벽에 걸려 있다. 성질 드센 노파에게도, 그 드센 성질이 '씩씩'이라고 표현되던 소녀 시절이 있었다. 그런데 애니메이션 속의 그것은 사진인 것일까? 그림인 것일까? 파즈의 아버지가 찍은 라퓨타의 사진이 흑백인 걸 보면, 설정된 시대의 기술력을 감안한다면 컬러로 그려진 그것은 그림이다. 그렇듯 해석도 맥락 속에서 이루어져야 하는 것.

공적단원들 사이의 대화에서, 시타를 도라의 과거에 빗대기도 한다. 아직은 어린 소녀이기에 타인의 도움도 입지만, 당찬 모습으로 역경을 헤쳐 나가는 성장 스토리가 하야오 작품 내에서 소녀의 존재 의미다. 소녀에 대한 해석도 맥락 속에서 이루어져야지. 맥락과 상관없이, 자신이 보고 싶은 것만 보고서, 자신이 하고 싶은 말만 늘어놓는 걸 '해석'이라 할 수는 없다.

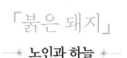

「붉은 돼지」
◈ 노인과 하늘 ◈

「마녀배달부 키키」의 히트 이후, 지브리 스튜디오는 애니메이터들을 정규직으로 전환하여 팀메이트로 육성하고자 했다. 이는 미야자키 하야오의 제안이었고, 업계에서는 이례적인 일이었던가 보다. 한 편의 제작 기간 동안 프로젝트 형식으로 모였다가, 이후에 해산하는 경우가 일반적이란다.

「추억은 방울방울」은 정규직의 애니메이터들이 참여한 첫 작품이었다. 같은 시기에 하야오는 「붉은 돼지」를 제작해야 했는데, 처음엔 일본항공에서 기내용으로 사용할 단편 기획이었단다. 거의 모든 스태프들이 「추억의 방울방울」에 투입되어 있는 상황이라, 하야오 홀로 감당해야 할

몫이었다. 그런데 스태프들의 이런저런 아이디어가 더해지면서 아예 극장용 장편으로 전환된 경우. 하야오의 표현을 그대로 빌리자면, '뇌가 두부로 변한 지친 비즈니스맨들을 위해' 좁은 기내 좌석에서 잠시 일상을 잊고 가볍게 즐길 수 있을 작품을 구상했다.

『제팬 타임즈』의 평론에서 마크 실링은, 「붉은 돼지」의 비행 장면들은 "단순한 사실주의 이상의 아름다움을 갖고 있으며 우리는 비행하는 모습에서 아름다움이 무엇인지 보고 느낄 수 있습니다."라고 평했다.

- 헬렌 메카시

「엄마 찾아 3만리」에 참여하여 이탈리아의 풍경을 그렸던 경험은 「붉은 돼지」로 이어졌다. '마르코'라는 주인공의 이름과 그들이 태어난 고향 '제노바'가 겹친다.

'지브리'(2차 대전 당시 이탈리아 군용정찰기에 붙은 명칭 - 나무위키)란 명칭의 유래로 본다면, 그의 이상인 '하늘'을 가장 잘 표현한 작품이기도 하다. 마크 실링은 '헤밍웨이'와 비교하기도…. 바다와 함께한 '노인'이 있다면, 하늘과 함께

한 '돼지'도 있다.

세계 대전 참전 중 인간에 대한 환멸감을 느낀 이탈리아 공군 마르코는 영문을 알 수 없는 마법에 걸려 얼굴이 돼지로 변했다. 지금은 '포르코 로소'라는 이름으로 공적(空賊)들에게 걸린 현상금 사냥꾼으로 살아간다.

　포르코에게 늘 당하기만 하는 공적 연합은 미국의 비행사 커티스를 용병으로 고용한다. 커티스는 이런저런 이력으로 공증된 베테랑이면서도 포르코의 유명세에 라이벌 의식을 느낀다. 커티스는 비행정을 수리하러 가는 중이었던 포르코를 기습한다. 포르코가 너덜너덜해진 비행정을 정비소에 맡기면서, 소녀 정비공 피오와의 인연이 시작된다.

　이탈리아 공군 입장에선, 군을 떠난 유능한 아나키스트가 불안 요인이다. 옛 동료가 찾아와 군에서 현상수배를 내렸음을 알려 주면서 차라리 다시 군으로 돌아오라 설득하지만, 이미 조국의 파쇼에 염증을 느끼는 '낭만 돼지'다.

　재정비된 비행정을 끌고 아지트로 돌아왔을 땐, 공적 연합이 먼저 와서 기다리고 있었다. 비행정의 수리 상태를

점검하기 위해 따라왔던 피오는 공적들 앞에서 당찬 모습을 보이며, 포르코와 커티스의 재대결을 제안한다.

두 파일럿의 '세기의 대결'에선 하야오의 유머 감각이 유감없이 발휘된다. 나중엔 탄환이 떨어져 비행정 안의 물건까지 집어던지는 공중전은, 지상에서의 육박전으로까지 이어진다.

이탈리아 공군은 이 기회를 틈타 포르코를 공격할 생각이었지만, 옛 동료가 미리 급습 정보를 알려 준다. 포르코와 커티스의 대결을 보기 위해 모인 사람들의 안전을 위해, 포르코와 커티스는 다시 하늘로 날아올라 함께 공군을 유인한다.

도교 신화 쪽에서는 저팔계가 원래 하늘의 강을 지키던 신선이었다. 은하수를 지키던 그의 직함은 천봉원수(天蓬元帥). 한자 蓬은 '쑥'이라는 뜻을 지니고 있는데, 문학 쪽에서는 '떠돌다'라는 의미로 쓰이기도 한다. 서부영화에 등장하는, 바람에 사막을 뒹구는 엉킨 풀덩이를 생각하면 이해가 쉽다. '천봉원수'는 하늘을 떠도는 장수 정도의 의미로 보면 될 것 같다. 천상에서 지상으로 추방당한 죄명은 항아(姮娥)를 희롱한 것. 달 주위로 흐르는 은하수에 대한 신화적 해석이라고 생각하면 되겠다.

　하야오는 저팔계의 모습에서 팁을 얻었단다. 물론 돼지를 의인한 이유가 그것만은 아니지만, 「붉은 돼지」에서는 주인공이 전쟁에 회의감을 느끼고 돼지가 된 사연을 회상하는 장면에서 '은하수'가 등장한다.

　적과의 혈투 끝에 모든 삶의 에너지를 다 소진한 마르코 대위, 그의 눈앞에 펼쳐진 환상 속을 정처 없이 떠내려가다 마주한 것은 대낮의 하늘에 펼쳐진 은하수이다. 그 순간, 마르코 대위의 환상 속으로 찾아든 동료들의 비행기, 전투 도중 죽은 줄 알았던 동료들의 이름을 애타게 외쳐 보지만 아무런 대답도 없다. 뒤이어 떠오른 비행기들은 혈투를 벌였던 적들의 것이었다. 그들이 말없이 향해 가고 있던 푸른 하늘의 은하수는 실상 은하수가 아니었다. 죽어서까지 비행기와 함께하는 파일럿들의 영혼이 한데 모여 있는 거대한 무덤이었다.

이 장면에서는 한 소설에서 영감을 받은 것이라고 하는데, 돼지와의 연관성에서 저팔계를 떠올려 봤다. 그동안 이 작품에서 돼지가 상징하는 바는 적어도 게으름과 탐욕은 아니라고 생각했었다. '돼지에겐 국가도 법도 없다'는 대사로써, 인간의 탐욕을 거부하는 외인적 기질로 기억하고 있었을 뿐이다. 그러나 은하수 무덤과 조우한 사건 이후에 돼지로 변한 것으로 보아, 탐욕의 상징으로 봐도 될 듯 싶다.

인간의 이상이었으나 결국엔 욕망의 통로로 활용된 공간. 그 하늘 한 자리에 흐르고 있는, 욕망의 무기로써 참전했던 비행사의 영혼들. 세상이 자신에게 부여한 전쟁영웅의 칭호는, 자신의 손으로 저 죽음의 흐름에 흘러들게 한 생명들이 가져다준 결과이기도 했다. 더 이상 살상을 하지 않는 낭만 돼지는 그런 속죄의 상징인지도 모르겠다. 남은 생의 시간 동안엔 그 업보를 뒤집어쓰고 하늘을 떠돌겠다는….

하야오가 동양 신화를 모티브로 했다는 자료는 찾진 못했다. 그럼에도 신화학적으로 설명 가능한 요소들은, 그만큼 하야오의 직관력이 인문적 토대 위에서 발휘되는 역량이라는 방증이기도 할 게다.

히틀러가 지닌 재능이란, 천운을 놓치지 않고 대중을 선동한 언변 하나였을 뿐이다. 정무 감각은 형편없었단다. 그런 그가 권력을 쥘 수 있었던 함수 가운데 하나가 볼셰비키 혁명이다. 사회주의 혁명의 확산을 우려한 독일의 기득권 정치인들이 히틀러를 서포트하면서, 내심 그를 잠깐 이용하고 버릴 생각이었던 것. 그러나 도통 버려질 수가 없는 상황으로 흘러간 세계사.

그렇다고 사회주의가 원래의 이상적 취지를 지켜낸 경우가 있기나 했던가. 보수는 욕망에 취해 있고, 진보는 신념에 취해 있고, 때로 욕망과 신념은 다른 같은 모습의 정치공학이었기도….

하야오 작품에서 경계에 서 있는 인물들은 이도저도 다 싫은 아나키스트적 성향이다. 나의 편에 서지 않으면 적으로 돌려세우는 정치공학 앞에선, 예전의 인연이 동료였든 사제관계였든 상관없다. 그 비열함과 치졸함에 염증을 느껴 떠난 이를 도통 가만 놔두질 않는다.

"돼지에게는 국가도 법도 없다."

마르크스를 떠올리게 하는 대사. 전쟁에 회의를 느끼고 스스로 돼지가 된 공군 조종사에게, 그저 아무런 경계도 그어지지 않은 하늘만이 있을 뿐이다.

들뢰즈의 '동물-되기' 개념 역시 그런 탈코드화에 관한 담론이다. '인간중심주의'라는 체계의 대척으로서 '동물'을 언급하고 있다. 그러니까 특정 동물이 지닌 성향을 의미한다기보다는, 우리(인간)가 예속당하고 있는 권력과 구조로부터 자유로워지는 순간으로 날아오르고 내달리고 헤엄치는 역동과 생동의 알레고리이다. 이 상징성을 지닌, 어떤 경계도 그어져 있지 않은, 하야오의 열망이었던 하늘이기도 하다. 정신분석으로 해석하는 하늘은 유년과도 관계가 있지만, 이 작품에서의 설정인 동물과도 관련이 있다.

"저는 인간만이 신에 의해 선택된 최고의 존재라는 관념에 넌더리가 납니다. 그러나 이 세상에는 아름답고 소중하며 추구해야 할 가치가 있는 무언가가 분명 있다고 믿습니다."

미노타우르스에 대한 니체의 해석은, 인간에게 남아 있는 동물적 본능이다. 신화 속에 등장하는 반인반수는 문명에 길들여진 인간이 동물에게 느끼는 노스텔지어의 흔적들이다. 잃어버리고 잊어버린 본능에 관한 순수의 열망은, 인간의 입장에서 관찰한 동물의 습성에 인격을 부여하며 동물 '되기'를 자처한다. 정말 동물이 되는 정신질환을 겪는다는 이야기가 아니라, 무의식(자연)이 의식(문명)에게 건네는 이야기에 귀를 기울인다는 것.

들뢰즈는 이 퇴행적 환상을 원인이 되는 이전 단계로 회귀하고자 하는 무의식으로 해석한다. 동물보다는 더 진보한 문명을 누리고 사는 인류의 행복하지 않은 지금이 해명되지 않는 현상에 대한 '증상'이다. 다시 말해 문명을 누리고 살아도 야생의 동물보다 나을 게 없다는 것. 정신분석의 문법에서는 유년의 시절과 다르지 않은 상징성이다.

동물이 인간의 신체를 빌릴 경우, 아니면 그 반대의 경우 또한 인간의 미학적 관점에서는 '괴물'로 인식되기 마련. 신화에서 괴물의 상징은 태생적 본능과 사회적 자아 사이에서 느끼는 정체성의 혼란이다. 그 대표적인 경우가 오이디푸스에게 수수께끼를 냈던 스핑크스다.

성(姓)은 부계사회의 상징이지만, 女를 부수로 지니고 있다. 파자(破字)해 보자면, 우리는 '여자가 낳은' 흔적들을 지니고 살아가고 있는 것이다. 글자의 사연은 고대사회가 모권중심의 사회였다는 사실에서 연유한다. 아직 농경이 시작되지 않은 시기에는 남자들이 전쟁, 사냥, 유목 등의 일과로 마을을 비우는 일이 잦았고, 또한 뜻하지 않은 사고로 죽는 일이 빈번했기 때문에, 가족의 중심은 여자가 될 수밖에 없었다.

　포르코의 비행기를 수리하는 정비소는 여성 노동자들의 공동체이다. 하야오의 페미니즘이 반영된 장면일 수도 있겠지만, 실상 저 시대에는 전쟁에서 남편이 사망하거나, 전쟁으로 인한 실업으로 많은 남성들이 이탈리아를 떠나 있는 상황이었기에, 여성들이 일을 하는 경우가 흔했단다. 혼란한 시대의 참상이기도 한 공동체의 모습으로부터 개인의 사연으로 분리된 여성이 지나이기도 하다.

　"제가 만약 지나 같은 여자, 그리고 정치적으로 올바른 페미니스트, 두 사람을 만난다면 저는 지나에게 더 말을 걸고 싶을 겁니다. 왜냐하면 그녀는 남자들이 지배하는 사회에서 홀로 서기 위해 노력하는 여자이며, 그녀 자신의 느낌과 소망을 표현하려고 하는 사람이기 때문입니다. 어려운 환경 속에서도 여자는 강해져만 스스로를 표현할 수 있으며, 지나는 바로 그런 여자에 해당한다고 할 수 있습니다."

미야자키 하야오의 작품 중에는 언뜻 생텍쥐페리를 연상케 하는 스토리들이 꽤 있다. 그 꿈이 맞닿은 공간이 하늘이었던 이유이기도 할 테고…. 이와나미 소년문고 창간 60주년을 기념해, 그가 선택해 50권의 추천사를 적어 넣은 책(번역서 제목 : 『책으로 가는 길』)에 있었다. 그 첫 번째 추천사가 『어린 왕자』에 관한 것이기도 했다.

지나의 캐릭터에서는, 생텍쥐페리의 마지막 사랑 콘수엘로가 스친다. 돼지가 된 이후 '포르코'라는 이름을 사용하는 마르코를 여전히 마르코라고 부르는 인연은 소녀와 소년의 시절까지 거슬러 올라간다. 그러나 마르코를 사랑하면서도 친구의 거리를 유지하는 관계. 그 사이에서 마르코의 파일럿 친구들이 그녀의 남편'들'이 된다. 그 모두를 하늘에서 잃었다.

마르코도 지나를 사랑한다. 그러나 서로 엇갈려 탄 회전
목마처럼, 인연이 비껴간 그 자리를 친구로서 지키고 있는
서로이기도 했다. 친구를 잃은 마르코에게 하늘은, 자유이
면서도 굴레인 모순의 공간이기도 하다. 사랑하지만, 사랑
하는 사람에게 더 이상 사랑하는 사람을 잃게 하고 싶지
않다. 그러나 속죄의 의미로 떠도는 하늘에서 내려올 수도
없다.

얄궂은 운명. 사랑하는 사람을 위한 배려가 과연 배려였
을까를 돌아보게 되는, 한 여자를 기구한 팔자로 만들어
버린, 이루어지지 않은 사랑. 포르코의 비행정이 지나의
치마폭을 스치는 바람으로 마음을 전한 후 다시 하늘 멀
리로 사라지는 장면은, 그들의 '사랑과 우정 사이'를 말해
주고 있기도 하다. 언제나 곁에서 지켜 주겠노라. 친구들
의 영혼이 함께하는 이 하늘에서….

「바람이 분다」
◈ 가책의 꿈 ◈

바람이 분다. … 살아야겠다.

거대한 대기는 내 책을 펼쳤다. 또 다시 닫는다.

가루가 된 파도는 바위로부터 굳세게 뛰쳐나온다.

날아가라, 온통 눈부신 책장들이여.

부숴라, 파도여! 뛰노는 물살로 부숴 버려라.

돛단배들이 먹이를 찾아다니는 이 잠잠한 지붕을…

　문인들과 예술인들 사이에서 많이 인용되는, 폴 발레리의 「해변의 묘지」라는 시의 일부. 절망과 체념 속으로 불어온 한 줄기 바람에, 시인은 다시 생의 의지를 다독인다. 세계 대전을 겪은 유럽인들에게 정신적 위안처였던 지성이었다고 하니, 싯구를 차용한 제목에서부터 하야오의 주제의식이 드러난다.

호리 다쓰오(堀辰雄)의 동명 소설 『바람이 분다』가 원작으로, 폐결핵에 걸린 약혼녀를 향한 남자의 순정과 제국주의 시대에 젊은이들이 겪는 절망에 대해 이야기하고 있다. 하야오의 인터뷰에 따르면, 토마스 만의 소설 『마(魔)의 산』의 영향도 있었다. 두 소설 모두 파쇼와 전쟁으로 인한 개인의 몰락을 '병'이란 소재와 '죽음'이란 주제로 다루고 있다. 『마의 산』 주인공 이름인 카스토르프는 하야오의 작품에도 등장하는데, 소설을 읽은 독자들에게는 마치 카메오와도 같을 효과. 그는 독일과 일본을 패망을 예언하기도 한다.

하야오의 작품에서는 호리코시 지로(堀越二郎)가 그 순정남에 해당하는데, 역사적 실존 인물에 대한 허구적 각색이다. 그래서 논란이 되었던 것이기도…. 그의 꿈은 파멸을 전제로 한다. 이는 자신이 사랑하는 여인에게 닥친 죽음과 평행의 구도를 이룬다. 소멸할 것을 알지만, 최선을 다해 사랑한다. 마지막 장면 역시 파멸 속에 던져진 꿈에 담겨진 하야오의 메시지다. 부서진 비행기 잔해 너머의 평원으로 사랑하는 사람을 놓아주는, 자신이 꿈꾸던 것들의 파멸 사이로 자신이 사랑한 누군가가 소멸되어 가는 꿈.

　세계대전 이후로 달라지는 인문학 판도 중 하나가 정신 분석이다. 이 시기에 프로이트가 주목한 것이 '죽음 충동' 개념, 이는 죽음의 반대급부로서 생의 의지를 말하고 있는 것이기도 하다. 수많은 청춘들의 죽음 사이에 나뒹구는 삶의 의미, 결코 정당화될 수 없는 주인공의 꿈이 그런 모순 속에 놓여 있다. 인간은 원래 그런 모순적 존재라는 사실을 극명하게 드러내는 전쟁이기도 하다.

　미야자키 세계에서 자주 등장하는 파괴된 비행기는 '죽을 때까지 싸웠지만 마음속으로는 살고 있었던 젊은이'에 대한 애도다.
　- 수전 네이피어

　그 절망의 시대에 군수업체로 돈을 벌었던 가업의 가책이 가장 직접적으로 투영된 작품이기도 하다. '미화'의 논란으로 번진 작품의 분위기는, 일말의 변명은 아니었을까? 그럼에도 살아갈 수밖에 없었노라고….

하야오 특유의 미장센으로 그려 놓은 하늘이긴 하지만, 너무도 아름다운 영상미에 반전의 주제의식이 희석된 느낌이기도 하다. 전범의 나라일지언정 어찌 됐든 그에겐 조국이기에, 하야오가 짊어져야 할 딜레마일 수밖에 없다. 전범으로서의 조국을 비판해 온 하야오 자신도 결국엔 일본인일 수밖에 없듯.

『꿈과 광기의 왕국』에서는 「바람이 분다」의 제작기를 다루고 있다. 한 애니메이션 평론가는, 일본인들에겐 자신이 일본인이라는 사실로부터 벗어나고 싶은 무의식이 있단다. 극우 성향이든 진보 성향이든 간에, 독일과 그 방식이 다를 뿐, 일본인들은 결코 덜어 낼 수 없는 가책을 지니고 살아간단다. 역사 왜곡도 결국엔 그런 가책의 증상일 테고…. 다른 시각에서 보자면 자신들이 잘못을 저지른 역사라는 걸 인정하고 있는 셈이기도 하다.

제국주의의 프레임 안에 갇혀 버린, 하늘을 날고 싶었던 소년의 꿈은 '선택'을 해야 했다. 하야오의 말따나, 하나를 선택하는 일은 그 자체로 하나의 포기를 매개한다. 그런 갈등은 비행기 부품으로 돈을 벌었던 하야오의 가문과도 닿아 있다. 전쟁에 일조하는 것이 아니냐고 비판했지만,

또 그 가업에서 비롯된 하늘의 꿈을 평생 그려 온 자신이라는 모순. 그 '저주받은 꿈'은 청춘에게 그런 삶을 강요한 시대의 폭력이기도 했다. 그 연장에서 자본의 시대가 잉태하는 모든 꿈이 저주받은 꿈이라고 말하는 그에게는 애니메이션 업계도 마찬가지다.

어떤 해명으로도 이 작품을 이해해 볼 의지도 여지도 없는 사람들이 있을 것이다. 개봉 당시에는, 솔직한 평을 내놓았다간 질타의 대상이 되어야 하는 분위기였다. 심지어 작품을 보지도 않고서 작가의 의도에 대한 이해를 거부하며, 조금이라도 하야오를 변호하는 감상평은 모두 친일의 정서로 매도하는 이들도 있었고…. 그다지 건강한 비평문화 같지는 않다.

그(하야오)는 옛날부터 전투기나 전차 그림을 좋아해서, 아틀리에의 책장에는 전쟁에 관한 책이나 자료가 대량으로 쌓여 있고 병기에 관한 지식은 전문가도 무색할 정도였다. 반면에 상식적으로는 철저한 평화주의자이고, 젊은 시절에는 데모에 참가해서 "전쟁 반대!"를 외치기도 했다 이것은 커다란 모순이 아닌가?

- 스즈키 도시오

반전을 주장하는 입장에서 왜 전쟁을 묘사하는가? 이 질문에 대한 하야오의 대답은, '전쟁 속에서 보여지는 인간의 능력에 대해서 남다른 관심 있기 때문에'이다.

하야오도 영화가 몰고 올 논란을 충분히 예상하고 있었지만, 언제고 자신이 해야 할 일이라고 생각했단다. 특히나 한국 팬들에게 '영화를 보고 평가해 달라'는 말로 양해와 이해를 부탁하기도 했다.

호리코시 지로의 전반기 삶을 다루고 있다. 물론 전쟁에 반대했다는 그의 고백으로도, 그 이후의 행적들을 정당화

할 순 없다. 그러나 지로의 근시안적 열정 이면의 정치적 무지와, 그 대척점에서 비판을 제기하는 동료의 정치적 관점도 다루고 있다.

그저 아름다운 비행기를 만들고 싶었다고 말하지만, 자신의 비행기가 전쟁에 쓰일 거라는 사실 역시 알고 있다. 기관총을 떼어 내면 비행기 무게가 가벼워질 것이라며, 소극적으로나마 저항의 모습도 보인다.

전쟁의 도구로 변질된 청춘의 꿈, 그러나 그 불편한 역사에 발을 걸고 있는 하야오의 가족사이기도 하다. 할아버지 때부터 경영해 온 가업은 제로센 비행기의 팬벨트를 납품하는 것. 가미카제의 바람으로 사라진 청춘들에 대한 죄책감, 그러나 하야오의 '하늘'에 관한 꿈도 그 불편한 진실 위에 기록된 유년시절에서 비롯되는 바, 그 불편함을 표현함에 있어서도 특유의 미적 감각을 포기할 수 없었던 것이지 미화의 의도까지야 있었겠나.

영화 「청연」에서 다룬 조선의 여자비행사가 지녔던 꿈도 조심스러운 문제이니까. 망국의 시대에 굳이 일제가 이루어 놓은 것들을 통해 자아실현을 이루었어야 하는가. 개인의 꿈이 국가의 절망과 함께 해야 옳은 것인가. 미화까

지는 아니더라도, 주어진 현실 속에서 최선을 다한 삶으로

볼 것이냐….

03

길 밖으로의 여정

「루팡3세 : 칼리오스트로의 성」
◈ 낭만 도둑 ◈

　유년 시절에 보았던 「미래소년 코난」은, 작품이 전하고
자 한 철학적 메시지보다는 하야오의 유머 코드에 끌렸던
것. 「루팡3세 : 칼리오스트로의 성」도 그의 유머 코드가
십분 발휘된 작품이다.

　TV 시리즈의 스태프로 활약하며 차츰 그 인지도를 넓
혀 가고 있던 하야오의 극장판 감독 데뷔작이었는데, 흥행
에는 실패. 다시는 극장판을 만들지 않겠다는 다짐을 했을
정도로 실망이 컸단다. 그런데 오랜 시간이 흐른 뒤에야
명작으로 재평가된 경우라고….

카지노의 돈을 싹쓸이해 도망을 치는 와중에, 대도(大盜)의 눈썰미는 그것이 위조지폐임을 간파한다. 루팡은 위폐의 출처와 유통 경로에 대해서도 이미 알고 있다. 아주 오래전에 그 근거지를 털려고 갔다가 죽을 뻔했던 경험이 있다. 다시금 도전의 의지를 고취시키는 기억, 그리고 도둑으로서의 본능. 루팡은 도로 가득 위조지폐를 흩뿌리며 칼리오스트로 공국(公國)으로의 여정을 준비한다.

　세계에서 가장 작은 국제연합가입국이라는 설정의 나라는 현재 대공직이 공석이다. 나라를 대신 다스리고 있는 백작이 세계 각국의 지폐를 찍어 내고 있는 주범이다. 그는 정치적 정통성을 물려받기 위해 정식 후계자인 클라리스와 강제적으로 결혼하려고 한다. 그로부터 탈출하려던 클라리스는 백작의 수하들에게 쫓기던 중 루팡 일행과 마주친다.

　루팡이 예전에 이곳을 털러 왔을 때, 아직은 어린 소녀였던 그녀의 도움을 입었었다. 세월이 흘러 아리따운 숙녀가 되어 있는, 그러나 백작의 수작에 갇혀 있는, 그 시절의 소녀를 구원한다는 스토리. 훗날 「센과 치히로의 행방불명」과 「하울의 움직이는 성」에서는 반전으로 기다리고 있는 기억과 인연에 관한 이야기가 이미 이 작품에서 시작되고 있다.

루팡은 그녀에게 사랑을 느끼지만, 끝내 자신이 그 시절의 자신이란 사실을 밝히지 않는다. 클라리스도 루팡에게 사랑을 느낀다. 그러나 도둑에게는 어울리지 않는 사랑이라는 생각에서였을까? 마지막 장면에서 루팡은 그녀의 이마에 가볍게 입을 맞춘 후 다시 길을 떠난다.

'애니메이션'보다는 '만화영화'라는 명칭을 더 좋아한다는 하야오. 이 작품은 그야말로 만화영화로서의 오락성에 충실하면서도, 국제정치를 꼬집는 약간의 정치경제도 가미되어 있다. 시계탑 안에서의 액션은 「모던 타임즈」를 오마주한 장면이라던데, 내겐 왜 그렇게 성룡의 「용형호제」가 스치는지 모르겠다. 성룡이 이 애니메이션을 오마주한 건 아닐까 싶기도….

하야오의 모든 작품은 사랑에 대해 이야기하고 있다. 그 사람 앞에서는 막 착해져야 할 것 같은, 유리 같은 소녀를 지켜 주고 싶은 강철 같은 소년의 마음 같은 것. 대도(大

盜)가 돈을 포기하면서까지 지키고자 했던 여인, 그 '한 사람을 위한 마음'을 표현해 내기엔 문학은 모자란 느낌이다. 오로지 '만화영화'로써만 가능한 애틋함이 있다.

반면 클라리스가 지닌 가문의 비밀이 목적이었던, 그래서 강제적으로 결혼을 추진했던 귀족은, 선조들이 어마어마한 보물을 숨겨 두고 있을 거라는 기대에 차 있다. 그러나 선조들이 물려주고자 했던 건 문화유산이다. 뭐 눈에는 뭐만 보인다고, 정신의 가치를 모르는 후손은 선조들이 물질적 유산을 남겨 두었을 거라고 생각했다. 그에겐 후손의 자격도, 귀족으로서의 품격도 없다. 우아하게 와인잔을 드는 경제사범이었을 뿐이다. 시간의 가치를 모르는 이의 결말은, 시계탑의 바늘 사이에 끼어 죽는, 이 또한 '만화영화'로서만 가능한 통쾌함이다.

루팡과 함께하는 동료들이 있다. 「오션스 일레븐」, 「이탈리안 잡」, 「도둑들」에서처럼 팀웍을 기반으로 하는 도둑질이다. 그중에서 가장 재밌는 케미는 그를 쫓는 형사 제니가타와 사이에서 일어난다. 자기 직분을 다해야 하다 보니 쫓고 쫓기는 관계이지만, 서로를 존중하는 모습도 보인다.

제니가타는 늘 루팡에게 당하는 코믹 캐릭터이면서도,

루팡은 그가 자신을 대하는 마음이 적개심이 아니란 걸 안다. 그래서 어려운 일이 있을 땐, 제니가타의 공권력을 끌어들인다. 속임에 넘어가는 모양새로 도움을 주지만, 제니가타도 어리숙하지만은 않다. 루팡과 그 일행이 보내는 사인이 뭔지를 안다. 그리고 공동의 적 앞에서는 기꺼이 도둑들과 한 팀이 된다. 프로젝트가 끝나면 다시 쫓고 쫓기는 관계로 돌아가지만, 도망갈 충분한 시간을 준다. 그리고 다시 쫓는다.

그가 인터폴 자격으로 국제사회에 칼리오스트로 백작의 위법 사실을 알렸을 때, 각국은 위조지폐에 발이 걸린 각자의 이해관계로 인해 이 사실을 무마하기에 급급하다. 정의는 오히려 도둑들에 의해 실현되고, 제니가타는 도둑들의 계획에 동참하는 것으로 국제연합을 엿먹인다.

국제정치에 관해서는 가볍게 건드리고 있지만, 실상 요즘의 일본과 관련한 이슈들과 맞물려 있는 시의성이기도 하다. 도둑들의 낭만은 허구일지 모르나, 정치가들의 기만은 시대를 초월한 현실이기도…. 도둑들의 액션활극인 「루팡3세 : 칼리오스트로의 성」은 진짜 도둑이 누구인지에 대해서 묻고 있는 것 같기도 하다.

「이웃집 토토로」
◈ 보이지 않는 세계 ◈

　지금으로부터 30여 년 전에 개봉한 작품은, 그보다 30
여 년 전의 1950년대를 시대적 배경으로 한다. 하야오의
소년기이기도 했을, 그 시절을 표상하는 많은 풍경들이 있
겠지만, 내겐 첫 시퀀스에서 등장하는 카라멜이 '추억'이
다. 당시 한국의 먹거리도 별반 다르지 않았던지, 아버지에
게서 저 '미루꾸' 카라멜에 대한 이야기를 많이 들었었다.

　이 영화가 개봉할 즈음에는 내가 아직 초등학생이던 시
절이다. 50년대보다야 풍요로워진 시절이기에, 딱히 그
시절을 대변하는 과자가 무엇이었는지는 기억나지 않는
다. 초콜릿이 귀한 시절도 아니었고, 밀크 카라멜은 별로
좋아하지 않았던 것 같고…. 그런데 왜 '미루꾸'와 '아이스

께끼'로 대변되는 50년대 시절이 더 풍요롭게 느껴지는 것일까?

아직은 미취학 아동인 메이가 언니의 학교를 찾아오는 장면이 있다. 아빠가 대학에 강의가 있어서 옆집 노파에게 메이를 맡겼는데, 언니한테 가겠다며 떼를 쓰다가 기어이 학교로 찾아온다. 언니 사츠키는 담임의 양해를 받아 메이를 옆에 앉히고 수업을 받는다. 물론 옆에 앉은 메이는 부단히 딴짓을 하고…. 이도 50년대니까 가능했을 풍경. 그만큼 당시의 학교는 마을 공동체적 속성을 지닌 공간이기도 했다.

「이웃집 토토로」의 저변에는 그런 그리움의 이미지가 채워져 있다. 내가 살아 본 시절도 아닌데, 그리움이라니? 살이 다 삐져나온 낡은 우산을 건네는 남학생이 우리 아버지들의 어린 시절은 아니었을까? 메이를 귀엽게 바라보는 사츠키의 짝꿍이 큰고모의 어린 시절은 아니었을까? 언니의 불편함은 생각지 않고 마냥 즐겁기만한 메이가 막내 이모의 어린 시절은 아니었을까? 하는 공상을 덧대게 되는, 그런 회상의 이미지를 달리 표현할 길이 없어 '그리움'이란 단어로 대신하는 내 표현력의 한계 너머에 펼쳐져 있는 판타지.

엄마가 요양 중인 병원 근처의 시골로 이사한 자매는, 그 고즈넉한 풍경과 자신들이 앞으로 살게 될 낡은 가옥을 꽤나 마음에 들어 한다. 설레는 맘으로 집 안 여기저기를 둘러보던 중에 욕실 문을 열자마자 정체를 알 수 없는 검댕이들과 마주하게 된다. 마주했다고 하기엔, 너무도 순식간에 사라져 버린 검댕이들. 아이들에겐 모르는 것들에 대한 두려움보다는 그것에 관한 호기심이 앞선다. 이웃집 노파에게 전해 듣고 나서야, 그것들이 사람이 살지 않는 빈집에 기거하는 요정이란 사실을 알게 된다.

　아이들의 눈에만 보인다는 검댕이 요정들은 앞으로 전개될 이야기의 단서이기도 하지만, 훗날 개봉하는 「센과 치히로의 행방불명」에서도 등장한다.

　동심을 토토로에게 인도하는 매개물은 집 안 여기저기서 발견되는 도토리들이다. 아무도 살지 않는 동안에는 이 집이 도토리 저장고였던지, 정원에서 혼자 놀고 있던 메이는 도토리를 가지러 온 작은 토토로들을 발견하고, 그들을 따라 들어간 숲에서 '대형' 토토로를 만나게 된다.

메이는 낮잠에서 깨어난다. 꿈이 아니었다는 걸 증명하기 위해 토토로를 만났던 그곳을 찾아갔지만 그곳 자체가 없다. 때문에 언니 사츠키는 처음엔 동생의 말을 믿지 않는다. 그러다가 사츠키도 아빠가 타고 올 버스를 기다리던 중에 토토로를 만나게 된다. 토토로가 타고 갈 고양이버스까지 나타난다. 사츠키가 꿈을 꾸거나 한 것도 아니다.

토토로가 다시 자매와 만난 순간은 다시 꿈의 성격인 듯하다. 토토로의 마법으로 하늘 높이 자랐던 도토리나무는 아침이 되자 작은 싹으로 되돌아가 있었다.

병원에서 요양 중이던 엄마가 잠깐 집에 와서 쉬기로 한 날, 갑자기 감기에 걸려 집에 오지 못하게 된 엄마가 걱정되었던 사츠키는, 같은 걱정으로 칭얼거리는 메이에게 짜증을 낸다. 잔뜩 골이 난 메이는 엄마가 입원해 있는 병원으로 가고자 무작정 홀로 집을 나서고, 메이의 행방불명에 마을에선 한바탕 난리가 난다. 동구 밖 구석구석까지 둘러본 사츠키가 마지막 희망으로 찾아간 곳은, 메이가 토토로를 만났다는 그 숲이다.

메이가 자신의 말이 거짓말이 아님을 증명하기 위해 다시 찾아갔을 땐 사라져 있던 그곳에, 사츠키가 메이를 찾

기 위한 간절함으로 다시 찾아간 그곳에, 낮잠을 자고 있
는 토토로가 있었다.

메이가 옥수수를 들고 다니는 건, 옆집 노파에게서 이 마을에서 나는 채소를 많이 먹으면 엄마의 병도 금세 나을 거라는 이야기를 듣고 나서부터이다. 엄마의 병을 치료하기 위해 내려온 시골, 엄마에게 병을 안겨 준 도시, 어린 메이에게는 이런 상관의 도식이 자리하고 있었던 것인지도 모르겠다. 자연이 지닌 치유의 힘, 그 상징적 작물을 항상 품에 안고서 엄마에게 달려가고 싶었던 것이기도 하다. 그러다 행방불명이 된 것이기도 하고, 토토로의 도움으로 엄마가 입원해 있는 병원 창가에 옥수수를 두고 온 것이기도 하고….

토토로가 도토리의 요정이란 설정도, 토토로의 마법으로 도토리나무가 금세 거목으로 자라나는 장면도, 자연이 지닌 치유 능력과 생성의 힘에 대한 상징이 아니었을까? 그 힘이 엄마에게 닿길 바라는 마음이 담긴 메이의 옥수수였을 테고….

정원에 놓여 있던 구멍 뚫린 양동이, 메이는 양동이를 들고서 그 구멍을 통해 정원을 둘러보다가 그 좁혀진 포커스 안으로 들어온 작은 토토로들을 발견한다. 하야오의 경험이 잔뜩 녹아든 이 작품은, 사건의 단서를 제공하는 정원부터가 실제로 하야오가 살았던 집의 기억을 그대로 그려 넣은 것이란다. 하야오의 어린 시절에 어머니는 결핵으로 인해 꽤 오랜 시간 동안 침대에 누워만 있었단다. 하야오는 늘 어머니 곁을 지니는 아이였다. 일상을 딛고 있는 판타지는 하루 빨리 엄마가 완쾌되길 바랐던 하야오의 기억으로부터 시작되고 있다.

정신분석에서 말하는 유년시절은 상상과 실재가 아직은 확연히 구분되는 시기가 아니다. 그렇기에 이 작품의 어디까지가 꿈이고 어디서부터가 현실인지에 대한 구분은 그렇게 큰 의미가 없는지도 모를 일이고, 하야오도 그 경계를 확연히 하지는 않고 있다.

작품 내에서 어른들에게는 보이지 않는 세계를, 우리는 관객의 입장이다 보니 대강 엿볼 수 있는 것일 뿐, 어른의 입장에서 해석할 일도 아니다. 본질은 사츠키와 메이의 시선이지, 어른의 입장에서 이해된 동심이 아니다. 그것이 꿈이었든 환상이었든 간에 현실에 영향을 미치며 작동한다는 사실이 보다 중요한 메시지가 아닐까? 착한 일을 하면 올 크리스마스에도 산타클로스에게 선물을 받을 것이라고 믿으며 자라났던, 어린 시절의 우리들처럼 말이다.

어쩌면 토토로는 소녀들의 희망과 불안이 뒤섞인 신적 존재였는지도 모른다. 구원의 방법을 자기 안의 환상 속에서 찾아낸 것. 어른이 된 후에도 저런 구원이 되돌아오기를 바랄 때가 있지 않던가. 내가 어찌할 수 없는 현실 앞에서, 제발 어찌할 수 있을 초능력이 생겼으면 하고 바라는 순간들이….

"어린이 문학은 '어찌할 도리가 없다. 이것이 인간이라는 존재다' 하고 인간 존재에 대해 엄격하고 비판적인 문학과는 달리 태어나길 정말 잘했다' 하고 말하는 것입니다. '살아 있어 다행이다. 살아도 된다'라는 응원을 아이들에게 보내려는 마음이 어린이 문학이 생겨난 출발점이라고 생각합니다."

일본은 패전 후의 어려움을 극복하고자 소년문고에 노력을 기울였단다. 하야오의 표현을 빌리자면, '재생'의 의미를 담고 있다. 그가 생각하는 어린이 문학의 취지는 '아이들에게 절망을 말하지 말라'이다. 어린 시절부터 책을 좋아했던 하야오이지만, 젊은 시절에는 공부의 목적으로 일반문학을 읽었단다. 그런데 '사람들은 어떻게 이런 잔혹한 이야기를 읽을 수 있는 걸까' 하는 의문과 함께, 자신이 어른들의 문학에 맞지 않는 기질임을 깨달았다. 그러니 자신의 작품에 들이대는 괴담적 해석들을 좋아할 리 있겠는가?

하야오도 밝혔듯, 『이상한 나라의 앨리스』에서 영감을 얻은 작품이다. 앨리스의 뒤뜰에는 환상이 덧대어진 부조리들이 가득 채워져 있던 반면, 사츠키와 메이의 뒤뜰에 자리하고 있던 것은 하나의 해법으로서의 동심이다.

「이웃집 토토로」에 등장하는 고양이버스는 『이상한 나라의 앨리스』의 챗셔 고양이를 떠올리게 한다. 이는 철학자 지젝이 자신의 키워드인 '신체 없는 기관'을 설명하는 사례이기도 하다. 물론 동화와 철학이 말하는 '환상'의 결이 조금 다르긴 하지만, 성격 자체는 크게 다르지 않다. 웃음만 남기고 몸은 사라지는 고양이, 그렇듯 실체가 없어도 실제에 영향을 미치며 작동하는 환상들이 있다.

"보물섬을 지탱하고 있는 건, 그 보물이 실제로 존재해서 이 세계의 어딘가에 숨겨져 있기 때문에 이 세계는 멋진 것이다라는 거죠. 그러한 느낌, 그러한 기분의 문제라고 생각합니다."

『어린 왕자』에도 이와 비슷한 일화가 적혀 있다. 비행사가 어린 시절에 살았던 낡은 집에는 보물이 감춰져 있다는 이야기가 전해 내려오고 있었는데, 그것을 발견한 사람은 아무도 없었고, 실상 그것을 찾으려고 하는 사람도 없었다. 그러나 그 담론만으로도 낡음의 풍경은 정말로 보물이 숨겨져 있을 것만 같은 적소성을 획득한다. 실상 그 동화적 가치가 낡은 집이 깊이 숨겨 둔 보물이었던 것.

어린 시절의 우리가 세상에 산타클로스는 있다고 믿음으로써 가능했던 일들, 혹은 불상에 묻은 풀잠자리의 알을 우담바라로 믿고서 행복할 수 있는 불자들. 고백하기 전, 그 사람이 나를 좋아할 수도 있다는 일말의 가능성에 주저하면서도 설레이는 마음. 그것의 실재와 진실 여부와 상관없이, 그 담론이 작동시키는 현상들이 있다.

토토로들과 고양이버스는 어른들 눈에는 보이지 않는다. 어쩌면 아이들은 존재하지 않는 것들을 믿고 있는 것인지도 모른다. 그러나 그 믿음으로 인해 작동하는 현상이 있다는 점에서는, 정말로 존재하는 것과 다름없는 효과다. 「이웃집 토토로」는 동심의 눈으로만 가능한 삶의 마법에 대해 이야기하고 있다. 어른이 되면 그 마법의 세계를 떠나 오로지 현실을 살아간다.

「이웃집 토토로」의 흥행 성적은 그저 그랬었단다. 그런데 홍보용으로 제작한 토토로와 고양이버스의 캐릭터 상품이 대박을 터뜨렸다. 당장 눈에 보이는 것에만 집착하는 근시안의 바깥에 행운이 놓여 있기도 하다. 때로 순수한 무모가 노회한 셈법을 넘어서기도 하고, 어떤 행운이 어떻게 도래할지 모른다는 기대 속에서 어느 것 하나 허투루 버리지 않는 열정도 가능하고….

「마녀 배달부 키키」
◈ 마법 소녀의 성장통 ◈

지브리 스튜디오를 설립한 이후 첫 '히트'를 기록한 작품이다. 「바람계곡의 나우시카」의 성공으로 금전적 여유가 생기면서 타카하타 이사오(高畑勲)와 함께 지브리 스튜디오를 설립한다. 첫 작품인 「천공의 성 라퓨타」와 두 번째 작품 「이웃집 토토로」는, 시간이 흐르면서 명작의 반열에 올랐지만 당시에는 기대만큼의 성과는 아니었다. 재정적 문제로 인해 「마녀 배달부 키키」는 제작이 어려울 지경이었고….

당시 일본 애니메이션 업계에서는 마법 소녀들의 유행이 시작된 시절이기도 했다. 「요술공주 샐리」의 작업에도 참여했던 하야오는 이런 상업적 코드에는 회의적이었단다. 그러나 때로 재정적 상황은 소신을 넘어서는 두려움이지 않던가. 그럼에도 하야오의 마법 소녀는 문학적이다.

어린 시절부터 세계 각국의 동화와 판타지 소설을 좋아했던 하야오는, 대학 시절에 동화 연구 동아리에 가입하면서부터 본격적으로 세계의 동화를 섭렵해 나가기 시작했다. 동화는 구전으로 전해 내려오는 스토리텔링이었던 경우가 많기 때문에, 당대 사람들의 사고를 반영하는 상징들이 뒤섞여 있다. 그래서 정신분석이 문화인류학적 자료로서 연구하는 것이기도 하다. 그의 작품에 이런 인문적 상징들이 가득할 수 있는 이유는, 그가 사랑했던 동화들의 영향인지도 모르겠다.

하야오의 작품들은 대부분 원작이 따로 존재하는 경우지만 그의 스타일로 재해석된 경우이기도 하다. 문자와 애니메이션의 전개 방식은 당연히 다를 터, 「마녀배달부 키키」 제작 당시에는 원작자를 설득하느냐 애를 먹었단다. 이 작품의 기획 과정에도 그런 사연이 숨어 있다. 끝내 진행이 되진 않았지만, 「말괄량이 삐삐」를 애니메이션으로 만들어 보고자 원작자 아스트리드 린드그렌을 만나러 가는 길에 들렀던 스웨덴의 도시들로부터,「마녀배달부 키키」의 공간 배경에 대한 영감을 얻었다.

다른 작품들에 비해「마녀배달부 키키」는 사뭇 생활밀
착형 판타지다. 일정 기간 평범한 인간의 세계에서 독립적
으로 생활을 해야 한다는 마녀 가문들의 전통은, 일종의
성인식 같기도 하다.

　구분되어져 있으면서도 어느 시기가 되면 조우하는 마
계와 인간계라는 설정은, 얼핏 정신분석자 라캉이 말하는
상상계와 상징계에 빗댈 수도 있겠다. 우리가 마법을 믿었
을 때가, 아니 그것이 믿지 않기 시작할 때가 언제인가를
생각해 보면, 하야오의 세계관에서 마법이 의미하는 바는
어린 시절에 지녔던 상상의 힘이다.

　오해의 여지가 있을 수도 있겠지만, 가급적 무난한 용어
로 상상계와 상징계를 설명해 보자면, 자본의 표상들을 알
지 못해도 불행하지 않았던 시절과 그 표상을 깨닫기 시
작한 이후의 시간이다. 인간의 세계에서 경제관념을 깨닫
기 시작하는, 마법의 세계에서 온 소녀는 그 나이대에 겪
는 성장통의 표집이기도 하다.

　아이의 시절에는 아직 개인적 '상상'의 관점으로 세상을

바라본다. 성장의 과정 중에 습득하는, 그 사회가 건네는 상징적 가치들로 인해 사회의 구성원으로서 조건화가 된다.

하야오의 작품 중에서 소녀가 돈을 세는 장면이 나오는 유일한 경우이지 않을까? 키키는 하루하루의 생활비를 걱정하며 수중에 지닌 돈을 센다. 인간 세계에서 생활하게 된 키키는 어느 빵집 사장의 도움을 입어 나름의 스타트업을 시도한다. 자신의 마법 능력을 이용한 택배 서비스. 생활비마저 빠듯한 상황에서, 초대받은 파티에 입고 갈만한 옷이 없어 걱정이다. 길가의 쇼윈도에 걸린 예쁜 옷을 그저 바라만 본 후에 지나친다. '기호 가치' 개념을 깨달아 버린 마법 소녀는, 어른의 세계, 자본의 세계, 상상계의 경계 너머를 바라보고 있다.

유현준 교수가 진행하는 유튜브 채널에서 들은 이야기인데, 런던을 상징하는 시계탑은, 산업화가 되면서 시간이 관리되기 시작했다는 의미를 담고 있는 건축물이란다. 런던이 배경은 아니지만, 이 작품에도 그런 시계탑이 등장한다. 마지막 클라이맥스가 연출되는 공간이기도 하다. 작품의 주제이기도 한 소녀의 성장통은 경제관념을 매개한다. 키키가 인간 사회에 정착할 수 있었던 계기도, 배달 시간을 줄일 수 있었던 마녀로서의 비행 능력이다.

인간 세계에서 키키가 마주한 일상은, 만화가의 꿈을 안고 홀로 대도시로 올라온 지브리 스튜디오의 젊은 여자 스태프들의 일상을 이입한 것이라고 한다. 예쁜 옷을 입고 싶은 키키의 욕구를, 내면보다는 겉치레에 더 신경 쓰는 사춘기로 부정하지만은 않듯, 하야오가 건네는 주제의식은 피상적이지 않다. 우리 사회의 문제들이 이런저런 솔루션으로 이렇게 저렇게 간단히 해결할 수 있을 만큼 단면적이기나 한가? 그렇게 단면적인 스토리였다면 그가 거장의 반열에 올라서지도 못했을 것이다. 자신의 '저주받은 꿈'까지 토로하는 그에게서 중요한 주제는, 그것의 향유와 모순에 관한 것.

"나에게 연구의 소명은 있으나 돈이 없다면, 나에게 연구의 소명도 없는 것이다."
- 마르크스

엥겔스의 후원을 받았던 마르크스가 자본 그 자체를 터부시한 건 아니었듯, 마르크스주의자였던 하야오도 자본 그 자체를 비판하는 건 아니다. 앞서 이 작품과 관련해 당시 지브리 경제 사정도 언급하긴 했지만, 돈에 집착하는 인간상만큼이나 돈에 초연한 인간상도 더불어 살아가기에 답답하긴 매한가지.

키키의 마법이 약해지는 연유는, 인간 세계에서 새로 맺게 된 관계 속에서 확인한 자신의 옹졸함이다. 마법의 세계 출신이라서가 아니라, 인간 세계에서도 사춘기 시절에는 흔히 겪는 증상이기도….

배달 사고로 인해 우연히 숲에서 만나게 되는 '숙녀' 화가, 우슐라는 그런 면에서 이미 오래전에 사춘기를 지나온, 키키 자신의 미래이기도 하다. 키키는 우슐라에게 고민을 털어놓고 해법이 될만한 단서를 전해 듣는다. 반면 우슐라는 도통 진척이 없었던 자신의 그림 작업에 관한 예술적 영감을 어린 키키에게서 얻는다. 이 또한 상상계와 상징계의 도식으로 설명할 수 있을지 모르겠다. 우리는 어른이 되어 가면서 상상계적 예술 감각을 상실한다. 그보다는 타자와의 관계에 얽혀 있는 경제적 상징가치(이를테면 돈)들을 고민하기 바쁘다.

키키가 인간의 세계에 도착하자마자 일으킨 문제는 마녀의 비행 능력에서 비롯되었다. 차도를 날아다니다가 교통사고를 일으킬 뻔한 키키를 뒤따라온 경찰관은 인간의 세계에서는 인간의 법을 따라야 한다는 경고를 건넨다. 그런데 마녀의 신분으로 인간들 사이에서 무난하게 적응하며 살아갈 수 있었던 계기 또한 비행의 능력 덕분이었다.

이 장면을, 사회적 체계(상징계)를 가로지르는 개인에 관한 알레고리로 받아들인다면, 앞서 언급했듯 '마법'이란 요소를 어린 시절의 상상계로 받아들인다면, 성장의 과정 중에 겪게 되는 사회적 가치와의 갈등에 관한 이야기이기도 하다. 타자의 질서에 순응할 것인가? 아니면 저 자신의 고유성으로 체계와의 조화를 이룰 것이냐의 문제.

키키가 지닌 마법의 힘이 약해지는 것도 그런 사회적 범주에서 발생한 갈등의 증상이었다. 마녀에게 처음 생긴 인간 친구이자 이성 친구, 자신과는 다른 결을 지닌 타자와의 관계 속에서 겪게 되는 교감, 그리고 때로 그 친밀도만큼으로 내 안을 파고드는 질투심과 소외감. 처음 느껴 보는 낯선 감정의 물결에 쓸려 가던 어느 날부터인가 키키는 하늘을 날 수 없게 되고, 반려 고양이 지지의 말을 알아들을 수 없게 된다. 공간의 체계와 소통의 체계를 가로지르던 마법의 능력을 상실한 것. 인간 사회의 체계에 포섭당한 키키는 이후, 지상에 그어져 있는 '길'로 다니기 시작한다. 더 이상 자신의 특이성을 활용한 배달 서비스도 할 수가 없다.

그러다 사랑하는 친구가 위기에 빠지자 그를 구하기 위한 절실함으로 회복하는 순수, 마녀가 돌아왔다. 친구를 구하기 위해 이것저것 잴 것 없이 뛰어드는 순수의 용기로 키키는 다시 하늘로 날아오른다. 반면 다시 회복할 수 없었던 능력은 반려 고양이 지지와 대화였다. 그러나 아무래도 상관없다는 듯 지어 보이는 키키의 미소. 하야오는 회복보다는 성장에 의미를 두고 싶었단다.

성장은 시간의 경계를 넘어서는 일이기도 하다. 어린 시절에는 보이던 것들이 더 이상 보이지 않게 된다. 그것을 언어(상징계)의 문제로 표현한다는 점에서, 정신분석 기반의 철학들이 늘어놓을 '말'들이 많은 작품이기도 하다. 한편으로는 마음속 깊이 어린 시절의 순수를 간직하고 있다. 어른이 되어서도 가끔씩은 그 하늘이 열릴 때가 있다. 정신분석이 진단하는 정신의 문제들은 대개가 그 하늘이 상징하는 바에 관한 것이다. 하늘을 나는 꿈은 유년의 기억과 관련이 있다.

우리는 성장의 어느 순간부터 사회적 욕망에 시달리기

시작한다. 남들에게 행복으로 비춰질 기라 믿는, 사회로부터 공증받은, 남들도 다 욕망하는 욕망의 매뉴얼들이 채워지는 것을 행복으로 알고 살아가기에 발생하는 문제들. 이는 행복에 관한 다른 정의를 지니고 있는 무의식과의 트러블이다. 이 문제에 대해 유년의 기억 속에서 답을 찾아낸 대표적인 문학이 프루스트의 『잃어버린 시간을 찾아서』이다. 하야오의 큰 주제이기도 한 '잃어버리는 시간'을 표상하는 대표 캐릭터가 키키일지도 모르겠다.

「센과 치히로의 행방불명」
◈ 너의 이름은 ◈

    치히로 가족의 이삿날, 새로 이사할 동네에 거의 당도했을 즈음 갑작스럽게 나타난 비포장도로. 치히로의 아빠도 길을 잘못 들어섰다는 사실을 알고는 있다. 그러나 잘못 들어서기 시작한 지점으로 다시 돌아가야 한다는 치히로의 지극히 상식적인 생각은, 이 길도 분명 그리로 이어져 있을 것이라는 아빠의 고집 앞에서는 '융통성 없는 어린' 생각이 된다. 비포장도로 앞에서 발휘된 아빠의 융통성은 자신의 차가 4륜구동이라는 나름의 근거에 기대고 있다.

    비포장도로 끝에서 마주한 낡은 성문, 더 이상 차로 갈 수 있는 길이 아니다. 아빠는 차에서 내려 굳이 그 성문 안으로 걸어 들어간다. 을씨년스러운 분위기가 맘에 들지 않았던 치히로가 돌아가자고 성화를 부려 보지만, 아빠는 '겁쟁이'라는 놀림으로 자신의 융통성에 참여할 수 있는 '용기'를 북돋아 준다.

스스로를 합리화하는 방어기제, 자신이 틀렸을 리 없다는 걸 증명해 내기 위해서라도 이 몽니는 계속되어야 한다. 길을 잘못 들었다는 사실과 그럼에도 계속해서 고집을 부렸다는 사실에 대한 아빠의 변명은, 오히려 그 덕에 더 좋은 볼거리가 생겼다는 것. 그 정합성을 만족시키기 위해서, 아빠는 기어이 식구들을 이끌고 성문 안으로 들어선다. 자신의 오류를 결코 인정하지 않는, 반성의 의지가 전혀 없는 어른에 대한 표상일까? 이곳으로 흘러 들어올, 이런 상황으로까지 미끄러질 하등의 이유가 없었건만, 갑자기 여기를 와봐야 할 필요성이 뒤늦게 달라붙는다. 그렇듯 도통 인정할 줄 모르는 오류의 결론은 '어른적 융통성'에 힘입어 무한히 연기된다.

성문을 지나서 한참을 걷다 보니 마을 하나가 나온다. 그리고 산해진미가 차려져 있는 음식점들이 늘어서 있는 광경은 아빠의 똥고집을 그럭저럭 융통성으로 증명해 주고 있는 듯하다. '것 봐! 내가 뭐라 그랬어? 내가 이런 선

견지명이 있다니까'라는 듯 음식점에 진열된 음식을 접시에 담기 시작하는 아빠, 그리고 엄마. 주인이 없는 식당에서 부모는 가게를 비운 주인을 불러 보았다. 그것으로 손님으로서의 예의는 다 차린 것이다. 현금도 있고, 신용 카드도 있다. 일단 먹고서, 주인이 오면 그때 계산하면 되는 것이다.

그러나 그 음식이 예약된 다른 손님을 위한 것인지 어떤 것인지에 대해서는 고민하지 않는다. 당장에 배가 고프니 일단 먹고서 나중에 지불하면 그만이라는 융통성은, 허겁지겁 집어먹는 자신들의 모습이 돼지로 변해 가고 있다는 사실도 자각하지 못한다. 그런 행동은 돼지들 입장에서나 합리적이다. 자기중심적 합리화과 동물적 본능의 경계가 모호해지는 순간, 인간은 그저 동물에 지나지 않는다. 그리고 예의란 걸 잊어 먹도록 욕망에 탐닉하면서 인간성을 잃어 간다. 돼지가 된 치히로의 부모가 자신들이 원래 인간이었다는 사실을 잊어 간 것처럼….

아빠의 고집으로, 엉겁결에 따라 들어간 이상한 나라. 그곳은 인간에겐 방문이 허락되지 않은 신들의 세계였다. 그리고 치히로의 부모가 허겁지겁 먹어 치운 음식들은 신들을 위한 것이었고, 돼지로의 변신은 신에게 저지른 불경에 대한 심판이었던 셈이다.

낯선 세계에서 맞닥뜨린 위기를, 우연히 마주친 하쿠의 도움으로 모면한 치히로. 하쿠는 이 세계에서 살아남고 부모를 구할 수 있는 방법을 치히로에게 알려 주었으니, 일단 마녀 유바바가 운영하는 온천장에서 일을 해야 한다는 것이었다. 마녀가 내건 고용계약 조건은 이름을 없애는 것, 치히로(荻野千尋)의 이름에서 千자만 남긴 치히로는 '센'이 된다.

마녀 유바바는 이름을 앗아감으로써 정신을 지배한다. 마녀의 온천장에서 일하게 된 치히로는 언젠가부터 자신의 이름을 잊고, '센'이라는 이름에 응한다. 마녀가 부여한 '센'이란 이름을, 알튀세르의 '호명' 개념으로 설명할 수 있을까? 개인의 주체성이 사라진, 전체의 한 부속으로서 규정되는 주체, 이젠 그저 온천장 직원으로서의 센이다. 마녀의 수족 노릇을 하고 있는 하쿠의 입장도 마찬가지다. 하쿠는 자신의 원래 이름이 무엇이었는지, 자신의 과거가 어떠했는지를 기억하지 못한다.

이 작품에서 물은 중요한 메타포다. 그 상징의 의도가 확연하게 드러나는 사건은, '강의 신'이 온갖 오물을 뒤집 어쓴 채 마녀의 온천장을 찾은 날에 일어난다. 악취를 몰고 다니는 흉측한 겉모습에 온천장의 직원들은 그를 '부패의 신'이라 불렀다. 치히로의 성실함으로 인해 모든 오폐물을 쏟아 내고 원래의 형상으로 되돌아간 장면은, 인간의 욕망에 대한 비판이기도 하다.

인간의 오욕에 더럽혀진 신은 물로 정화가 된다. 이 장면에서는 물이 지닌 종교적 의미가 엿보이기도 한다. 영혼을 씻으며 다시 태어난다는, 세례와 침례, 그리고 씻김굿까지…. 강의 신은 자신 안에 있던 사금을 사례로 남기고, 치히로에게는 그 기능을 알 수 없는 환약 하나를 선사한다. 나중에 밝혀진 이 약의 기능 역시 정화였다. 이 약을 삼킨 하쿠와 가오나시는 자기 안에 들어 있던 오물을 뱉어 낸다.

아이러니는 이 정화의 장소에서 일하는 모든 직원들이 욕망의 표집들이라는 사실이다. 그 정점에 있는 최고 경영자가 수전노 마녀 유바바이다. 치히로에게 애정을 갖고 다가온 가오나시가, 치히로에게 금덩이를 선물했던 이유도 온천장 안에서 보고 배운 욕망의 가치들 때문이다. 분명 치히로도 그런 것을 좋아할 것이라는 순박함이 받아들여지지 않자, 마녀도 감당할 수 없는 아귀로 변해 버린다. 가오나시는 순박하면서도 관계에서는 다소 소외된 캐릭터로 등장한다. 이렇듯 자아가 약한 성격들이 관계의 함수를 잘못 이해하는 경우, 그 사회를 대표하는 욕망체계로 자아를 대신하게 된다. 그래서 순진했던 이들이 타락의 수렁에 빠지면 더 걷잡을 수 없는 것이기도…. 욕망의 화신이 되어 버린 가오나시가 증명하고 있는 것도, 이 온천장이 욕망의 공간이란 사실이다.

이 연장선에 있는 인물이 거대한 아기다. 온천장의 직원들과 같은 물욕은 없는 순수의 존재이지만, 누구든 자신과 놀아 주어야 한다는 자기만족을 위해, 치히로의 팔을 부러뜨리려고까지 한다. 충동적이고도 이기적이며, 울음으로써 모든 것을 해결하려고 하는 거대한 동심은 마녀조차도 감당하지 못한다. 그렇듯 때로 순수로 점철된 악이 가장 감당하기 힘든 악이기도 하다.

마녀 유바바에겐 쌍둥이 언니가 있다. 똑같은 모습임에도 동생과는 달리 선한 마음을 지니고 사는 제니바. 이는 미카엘과 루시퍼가 쌍둥이였다는 기독교 신화가 지니고 있는 선과 악의 이분법적 구도인 듯하다. 신화에 대한 해석은 실상 하나의 존재에 깃들어 있는 선과 악의 도덕적 갈등이다. 누구나가 그렇지 않은가. 항상 정의롭게 살아가고 싶지만, 성공을 거머쥘 수만 있다면 '딱 한 번만' 타락할 용의도 있고….

제니바는 유바바에게서 멀리 떨어져 살고, 그 사이에는 철로가 놓여져 있다. 예전에는 돌아오는 열차도 있었지만, 이제는 가는 열차만 있다는 가마 할아범의 회고는, 삿된 욕망이 처음에는 선과 악을 왔다갔다하는 갈등의 양상이지만, 나중에는 돌아올 수 없는 강을 건너게 된다는 상징이 아닐까? 철로는 '물'로 뒤덮여 있다. 편도열차의 승객은 치히로의 일행을 제외하고는 모두가 영혼인 듯한 희미한 형체들이다. 욕망으로 저지른 악에서 다시 선으로 돌아가는 길은 죽음 밖에 없다는 듯, 죽음으로 씻어 낼 수밖에 없다는 듯 물은 넓고 깊다.

치히로가 제니바를 찾아간 이유는, 유바바의 수족 노릇을 하는 하쿠가 제니바의 물건을 훔치는 과정에서 큰 상처를 입었기 때문이다. 치히로는 제니바에게 물건을 돌려 주면서 하쿠를 살려 줄 것을 부탁한다. 그러나 치히로가 강의 신으로부터 받은 환약을 먹인 후, 제니바가 하쿠에게 걸어 놓은 마법은 이미 풀려 있는 상태였다. 또한 그 환약 덕분에 유바바가 하쿠에게 걸어 놓은 마법까지도 풀려 있었다. 하쿠가 몸 밖으로 뱉어 낸 오물이 그 증거였다.

치유된 하쿠는 치히로를 데리러 제니바를 찾아온다. 그리고 온천장으로 되돌아오는 길에 치히로가 들려준 이야기로부터 과거의 기억을 되찾는다. 기억을 모두 잃었으면서도, 어떻게 치히로를 처음 만난 순간부터 치히로의 이름을 알고 있었는가에 대한 반전 장치는, 그가 잊었던 기억 안에 들어 있었다. 어린 시절이라 정확하게 기억하고 있지는 않지만, 치히로가 엄마에게 들은 바로는, 어린 시절의 자신이 개천에 빠진 신발을 건지려다 그 개천에 빠진 적이 있었다. 그 개천의 이름이 '코하쿠', 바로 하쿠가 잃어버린 이름이자 잊어버린 기억인 '니기하야미 코하쿠누시'를 이르는 말이었다.

천운이 따라 얕은 곳으로 떠내려갔던 치히로, 그것은 개천 그 자체였던 하쿠의 가호였다. 하쿠의 변신태가 용인 이유도 설명이 되는 지점이다. 개천에서도 용이 날 수 있는 건, 도교 신화에서 용이 물의 정령인 이유에서이다. 그런데 그 개천에 아파트가 들어섰다. 인간의 욕망에 자리를 내준 물의 신성(神性)은 하쿠가 마녀에게로 와서 이름을 지웠다는 상징이며, 또한 앞서 등장했던 오염된 강의 신이 바로 하쿠에 관한 복선이 되는 셈이다.

끝까지 시험에 들게 한 마녀의 훼방에도, 치히로는 무사히 엄마 아빠를 구출해 마녀의 온천장에서 빠져나온다. 치히로의 순수함에 힘입어 돼지의 굴레에서 벗어난 부모는 자신들이 돼지였던 시간을 기억하지 못한다. 잠깐 동안 어디론가 사라진 치히로를 찾는 일로부터 기억은 잇대어진다. 처음 들어갈 때와는 달리 풀과 나무가 무성히 자라나 있는 성문의 풍경은, 치히로의 행방불명이 결코 짧지 않은 시간이었음을 알려 주고 있지만, 부모의 '융통성'은 그것을 눈치챌 정도의 눈썰미는 아니다.

어느 글에서였는지 기억이 명확하진 않은데, 연암 박지원이 생각하는 '좋은 이름'이란, 남에게 불렸을 때 자신이 듣기 좋은 자모조합이다. 그만큼, 개인을 대리하면서도 타인과의 관계 속에 놓인 기호(sign)라는 이야기.

드라마 「내 이름은 김삼순」에서, 김선아는 그 자모조합이 듣기 싫어서 '김희진'으로 바꾸려 하는데, 현빈이 개명을 못 하게 한다. 자신이 지금 사랑하는 사람은 '김삼순'이고, '김희진'은 상처의 기억으로 남은 옛사랑이었기에…. 시간, 기억, 의미. 이름은 지칭의 목적성 이상을 응축하고 있는 기호이기도 하다. 신카이 마코토의 「너의 이름은」이 이 메커니즘으로의 결말이기도….

「센과 치히로의 행방불명」에서도 온천장 마녀의 마법을 푸는 주문이 각자에게서 잊혀진 이름이다. '하쿠'와 '센'은 온천장에 포섭된, 개인의 시간성을 잃어버리고 오롯이 조직의 체계에 봉사하는 기표다. 이를테면 이부장, 김과장, 박대리 같은 것. 좀 더 파고 들어가면, 알튀세르라는 마르크스주의 철학자의 이론이다. 젊은 시절에 마르크스주의에 심취해 있던 하야오의 성향이 반영된 설정인지도 모르겠다.

물론 그보다는 사랑이란 주제가 부각되는 '너의 이름은' 일 터, 하도 불러 보다 보니 입술에 지박령처럼 내려앉는 '너의 이름'만큼이나 그 열망의 온도를 증명하는 언어도 없을 테니까.

나무위키에는 다음과 같이 적혀 있다.

치히로라는 이름은 千尋(천심)으로, 말 그대로 센(千)이 (자신을) 찾는다(尋)라는 의미가 숨겨져 있다. 또한, 유바바와의 계약 장면에서 荻野(오기노) 부분을 작성할 때 荻을 '获'으로 적어 둔다. 이런 꼼수를 부려 놓아서 사실상 치히로는 유바바에게 진짜 이름을 알려 주지 않은 셈이 되어 버렸고, 그래서 마지막에 유바바의 계약을 파기하고도 원래 세계로 돌아갈 수 있었다.

일본 문화에 대해서는 잘 모르기에 '치히로'라는 이름이 어떤 의미인지는 잘 모르겠다. 굳이 전공자의 오지랖으로 한자들을 해석해 보자면, '천 길의 갈대밭(荻野千尋)' 정도의 뜻이다. 혹여 이젠 천길 높이의 갈대밭 너머로 사라져 보이지 않는 것들, 우리가 잃어버리고 잊어버린 것들의 행방불명에 대한 상징인 것은 아니었을까?

마녀에 의해, 나머지는 덜어 내지고 홀로 남게 된 '센(千)'이란 이름은, 우리를 가리고 있는 높이 혹은 깊이로서의 욕망의 상징은 아니었을까? 자신에게 큰 영향을 미친 텍스트로 『어린 왕자』를 꼽는 미야자키 하야오이기에, 그 어느 페이지를 빌려 보자면, 어른들은 수를 좋아하는 존재이다. 수로 환산된 가치들로써가 아니면, 도통 이해를 하지 못한다. 유바바는 그런 어른의 세계를 대표하는 마녀이다.

하야오의 작품을 보지 않은 이들도 다 알고는 있는 캐릭터 '가오나시'는, 원래는 스치듯 지나가는 정도의 분량이었단다. 이야기가 너무 복잡해지고 늘어지는 것 같다는 느낌에, 이야기의 방향을 전환하면서 그 분량이 늘어난 것이라고…. 「슬램덩크」에서의 정대만도 이 비슷한 경우. 하마터면 없을 뻔했던 이야기의 주인공은 지금도 일본에서는 인기 순위 상위 랭크다.

　환상의 모험으로 휘말기 전의 치히로가 밖에 나가서 뛰어놀지 않는 '요즘' 아이들을 상징한다면, 가오나시는 요즘 청춘들에게 발견한 소외감을 표현한 캐릭터란다. 그래서 형체가 그런 것. 그러다 치히로에게 환심을 사기 위해, 온천장에서의 통용되는 욕망 체계를 욕망하는 순간에는 형체가 선명해진다. 치히로와 함께 제니바를 찾아가는 길에 다시 그 순수를 회복하기도….

"모두에게 가오나시가 존재한다"

- 미야자키 하야오

라캉의 정신분석에서 '주체'의 역량은 미미하다. 욕망조차도 그가 속한 사회로부터 공증된 가치들을 욕망할 정도로, 사회에 의해 미리 지정된 구조와 체계가 개인의 사유를 대신한다. 현대철학에서는 '구조주의'로 설명되는 현상이다. 하야오에 따르면, 가오나시는 그런 현대인을 상징한다.

치히로와 가오나시가 탄 열차에 오르내리던, 투명한 그림자로 표현된 군상들도 그런 의미인 듯하다. 그리고 이 모티브도 하야오가 좋아했다는 「어린 왕자」에서 찾을 수 있다.

그러나 들뢰즈 이후의 포스트구조주의는 주체의 가능성을 회복하는 흐름으로 이어지기도 한다. 자신을 대상에 맞추는 가오나시이지만, 그 대상은 치히로라는 순수한 사랑이기도 했다. 자신의 애정 공세는 치히로가 싫어하는 방식이었다는 사실을 깨달은 후에는 또, 사랑하는 사람 앞에서 고분고분한 남자의 전형이기도 하다.

들뢰즈의 철학으로 해석한다면, 저 투명성을 잠재성으로 설명하는 것. 무엇도 아니지만 무엇도 될 수 있다. 애초에는 그냥 잠깐 스쳐 지나가는 캐릭터였다던 가오나시가 결국엔 이 작품을 대표하는 캐릭터가 되어 버린, 영화 바깥의 사연이 그렇기도….

어떤 이유에서 혹은 아무런 이유 없이 마음이 끌리는, 그래서 계속 돌려 보게 되는 지점이 명장면이지 않을까? 개인적으로 이 작품에서 리플레이를 반복했던 지점이 치히로의 주먹밥을 먹다 울음을 터뜨리는 장면이다. 도대체 이런 상황이 왜 내게 닥쳐온 것인지를 이해할 수 없지만, 도저히 여기서 벗어날 수 있을 것 같지도 않다. 하루 내내 갈마드는 체념과 희망, 그 감정의 조수 차만큼으로 차오르는 눈물.

　저 심정으로, 저런 울먹거림으로 밥을 넘겨 본 기억이 있는 사람들은 다들 공감할 터, 이 심각한 상황에서도 눈치 없는 내장은 저 자신의 기능에 충실하다. 걱걱대면서도 목구녕으로 꾸역꾸역 씹어 넘기고 있는 이 상황 자체가 너무 싫다. 언젠가는 귀찮음을 대신해 주던 한 조각의 단출함이, 지금 이 순간에는 내 삶을 표상하는 단순함 같아서 더욱 슬퍼진다. 그렇듯 사물이 말을 걸어오는 때가 있다. 아니 사물에 닿고 돌아오는 내 메아리라는 것이 더 맞겠다.

결코 끝나지 않을 것 같은 절망의 오딧세이, 그러나 내가 과연 오디세우스인지에 대한 확신도, 아테나 여신의 가호가 함께하는 길인지에 대한 믿음도 없다. 하늘은 감당할 수 있을 시련만 내리신다던데, 이 절망이 정말 나에게 합당한 것인지, 내가 이 절망에 부합하는 자격인지도 의심스럽다. 산다. 내일이 없을 것처럼…. 터오는 내일이랴, 잠시 어둠 뒤로 밀어냈던 오늘의 반복일 뿐이다. 끊임없이 바위를 굴려 올리던 시지프스의 반복, 카뮈의 문학에 대해서는 잘 몰라도 시지프스의 부조리는 내가 더 잘 알 판이다. 절망 속을 헤매는 일에 무슨 철학적이고 문학적인 세련과 품위를 따지겠는가? 치히로의 닭똥 같은 눈물에 더욱 공명하는 우리네 삶인 것을….

「하울의 움직이는 성」
◈ 인생의 회전목마 ◈

좋아하는 이들에게야 그 모두가 대표작이겠지만, 미야자키 하야오를 잘 모르는 이들에게 추천할 수 있는 대표작은 무엇일까? 어쩌면 그 선별의 기준이 되는 표상은 미야자키 하야오의 그림이 아닌, 히사이시 조의 음악일지도 모르겠다. 소피가 하울의 손을 잡고 하늘로 날아오르는 장면에서 흘러나오는, 조금은 슬프고도 적당히 장중한 「인생의 회전목마」.

언제고 이런 음악에 가까운 원고를 써보고 싶은데, 기회가 없다기보단 아직 능력이 없는 것 같다. 그래서 그 주위를 겉돌다 결국 지식의 문체에 불시착하는 것이기도 하다. '이 음악은 미야자키 하야오의 「하울의 움직이는 성」의

OST이며, 히사이시 조가 작곡한 왈츠풍으로…'라며 적어 내리는, 그 음악이 어떤 멜로디인지는 전혀 알 수 없는 칼럼과도 같은 글. 그런데 또 도통 뭐가 떠오르지 않으니, 그런 글이라도 쓰면서 인세를 탐하는 딜레마.

　유난히 '활공(滑空)'의 장면을 많이 그렸던 애니메이션의 거장에게, 지브리 버전의 피터팬과 웬디였다는 점에서, 「하울의 움직이는 성」을 그의 대표작으로 꼽아도 무리는 없을 것 같다.

자신의 열망과 취향대로 순간순간을 즐기며 살아가는 동생과 달리, 단지 집안의 장녀라는 이유를 소명 삼아 가업을 잇고 있는 소피. 모자 가게 주인이 꿈이냐는 동생의 질문에 대한 소피의 대답은 그저 '글쎄!'이다. 꿈 같은 건 한 번도 생각해 본 적이 없었다는 듯….

　자신이 만든 모자를 써볼 기회가 없는 삶, 무도회에 놀러가자는 권유에는 거절의 뜻을 내비치면서도, 거울 앞에서 잠깐이나마 허름한 모자를 걸쳐 보다가도, 모자가 뚫릴 듯 힘껏 눌러 쓰며 얼굴을 가린다. 그녀가 집어든 허름한 모자는 어쩔 수 없는 처한 현실이라기보단, 스스로가 택한 체념이기도 했다. 거울 앞에서 예쁜 척을 해보기도 하지만, 남몰래 꺼내 놓은 잠깐의 자아도취마저 용납하지 못하는 소피는, 외모에 대한 콤플렉스를 지니고 살아가는 소녀다.

　"난 단 한 번도 예쁜 적이 없었단 말이야."

　금발의 머리가 검은색으로 변하자 실의에 빠진 하울에게 같잖다는 듯 내질렀던 고백 역시, 그녀의 체념이 어디서부터 시작되고 있는지를 말해 준다. 노인이 되는 저주에 걸려서도 노인이 되어 좋은 점을 찾고 있는 그녀에게, '지금 여기'를 지나쳐 가고 있는 젊음이 얼마나 소중한 것인지에 대한 자각은 없다. 저주는 마녀를 만나기 이전부터 이미 걸려 있었던 것이나 다름없었다.

잠이 드는 시간에는 소녀의 모습으로 돌아오는 소피, 그러다 깨면 다시 노인의 모습으로 돌아가 있는 반복. 이는 소피가 하울과 대화하는 도중에 언뜻언뜻 노파에서 소녀로 변했다가 다시 소녀에서 노파로 변하는 장면과도 겹쳐진다. 두 시간대를 관통하는 요소는 '상실감'인 듯하다. 어른인 듯 어른 아닌 어른 같은 하울의 동심에 동화되는 순간이나, 현실을 잠시 덜어 내고 꿈을 꾸는 시간에는, 잠시나마 상실감으로부터 벗어날 수 있었다는 의미의 연출이 아닌가 싶다.

노인의 좋은 점은 잃을 게 적다는 것이라는 소피의 긍정, 그러나 한편으로는 체념. 어찌 생각해 보면 소피의 상실감은 결과가 아니라 도리어 원인이었다. 머리 색깔 하나 바뀐 것에 삶을 포기하려 드는, 아름다움에 대한 하울의 집착을 치유하기도 하는 소피였지만, 정작 그녀 자신이 충분히 아름다운 존재라는 사실에는 확신도 자신도 없다. 잃을 게 적다는 것, 그것은 노인의 좋은 점이 아니라 소녀 소피의 나쁜 점이다. 상실감에 젖어 잊어버리고 잃어버렸다는 사실조차 깨닫지 못하는 체념, 그런 소피가 처음으로 지니게 된 소유는 바로 하울을 향한 사랑이었다.

하울의 마법으로 불꽃에 갇히게 되었다는 악마는, 어린 시절의 하울이 자신에게서 분리해 악마에게 가두어 놓은 어떤 마음이기도 했다. 왕실 전속 마법사가 하울을 쫓는 이유는 그가 악마에게 마음을 빼앗겼다는 명분이지만, 그 이면에는 하울의 마법을 전쟁의 도구로 삼으려 한 공권력이 있었다. 위정자들의 입장에선 권력에 길들여지지 않는 하울은, 권력의 편이 아닌 이상엔 권력에 위협 요소가 되는 아나키스트일 뿐이다.

하야오의 작품 중에는 개인적 순수와 집단적 욕망을 정치공학으로 풀어내는 경우가 종종 있다. 이 작품에서 그 상징성을 찾으라 한다면, 움직이는 마법의 성 자체다. 하울의 성은 불꽃악마를 동력으로 움직인다. 불꽃악마에게 가두어 놓은 하울의 마음은, 어른의 세계에 동화되지 않으려 숨겨 놓은 하울의 동심이기도 하다. 하울의 성은 결국 하울의 동심으로 움직이는, 어른들이 미리 지정하는 사회적 구조에 매여 있지 않는 자유를 상징한다.

문고리 위에 달린 회전장치를 돌리면, 그 매뉴얼에 따라 문밖의 장소가 바뀌는 마법의 성. 각각의 '문밖'에는 하울이 가명의 마법사로 살아가는 제도권의 세계도 끼어 있었다. 그러나 성의 일부가 허물어져 리모델링을 하는 과정에서 그 가명의 세계는 사라지고, 대신 소피가 떠나온 예전의 일상과 하울이 소피에게 선사한 꿈으로 채워진다. 이제 하울에게 소피는 하나의 세계이다. 하울 역시 소피를 사랑한다.

소피가 노인으로 변한 이유는 거리에서 우연히 마주친 황야의 마녀가 건넨 저주 때문이다. 소피는 나중엔 기력이 빠진 마녀를 보살피기까지 하지만, 마녀는 저주를 걸 수만 있었지, 저주를 풀 수 있는 능력이 없었다. 소피를 하울의 성으로 인도해 준 허수아비도 소피로 인해 저주에서 벗어나 다시 이웃나라 왕자에 걸맞는 비주얼을 되찾지만, 정작 소피의 저주를 푸는 주문 같은 건 엔딩 크레딧이 올라갈 때까지 등장하지 않는다.

예쁘지도 않고 할 줄 아는 게 청소밖에 없던, 조숙하고도 소극적인 소녀의 각성은 하울에 대한 사랑에서 비롯된다. 사랑하는 하울을 위해, 하울의 유년시절로 시간을 거슬러 올라가 알게 된 건, 이 움직이는 성으로 오기 전에 이미 하울을 만난 적 있었다는 사실이다. 아울러 지금까지 자신이 하울을 기다리고 있었고, 하울 역시 자신을 기다리고 있었다는 사실까지도⋯. 각성의 어느 순간부터 당찬 소녀의 모습으로 돌아와 있던 소피는, 불꽃악마에게서 분리된 동심을 하울의 가슴으로 되돌려 준다. 그것을 가능케 한, 소피가 지닌 순수 그 자체가 자신의 삶에 젖어 있던 노회함과 상실감을 이겨 내는 주문이기도 했다.

니체는 시간을 단죄한다.

"인생은 나에게 살인보다 더 나쁜 짓을 저질렀다. 보상받을 수 없는 것들을 내게서 빼앗아 갔다. 나의 적이여! 그대는 나의 청춘과 환상과 내가 가장 사랑하는 사람들을 죽였다. 나의 소꿉친구, 행복한 정신을 그대는 빼앗아 버렸다."

회중시계를 꺼내 보는 토끼를 따라 들어간 이상한 나라. 앨리스가 이상한 나라에서 만난 사건들은, 동심의 시선에서 바라본 어른들 세계에 대한 상징들이기도 하다. 앨리스가 따라간 토끼의 시계는 멈춰 있다. 어른이란 그렇게 멈춘 시간 속에 고여 살아가는, 이상한 나라의 시민들이다. 더 이상 꿈꾸지 않고, 더 이상 사랑하지 않으며, 더 이상 행복하지 않다.

아이들이 마냥 웃고 있는 건 내일을 걱정하지 않기 때문이라고 한다. 어린 시절의 우리도 그러했다. 그저 오늘의 끌림이 이끄는 대로 가서 놀다 보면 어느덧 하늘 끝으로 저물어 가고 있는 행복한 하루. 어른들에게선 그 하늘이 사라져 간 것이기도 하다. 하긴 오늘날에는 아이들에게도 쉬이 허락되지 않는 하늘일 터, 하야오의 판타지들은 그런 결핍에 대한 대리충족 기능인지도 모르겠다.

어른이란 명분으로 행해지는 모든 관성과 관습, 새로움과 낯섦에 대한 거부, 익숙한 것들로의 안락을 추구하는 순간 젊음은 안락사를 하고 마는 것이다. 삶에 대한 긴장감이 사라지는 순간 당신은 이미 늙고 있는 것이다. 하울의 '움직이는 성', 그 동력으로서의 불꽃은, 젊디젊은 열망을 담고 있는 '심장'의 표현이 아니었을까?

정신분석에서는 하늘을 나는 꿈을 유년 시절과 관련해 해석한다. 하긴 프로이트의 매뉴얼들은 어지간하면 다 유년시절과의 상관이다. 니체는 하늘을 불확실성을 지닌 우연의 공간으로 묘사한다. 그곳엔 정해진 방향도 길도 없다. 그렇기에 내가 날아가고 싶은 방향 어디로든 날아갈 수도 있는 잠재태이기도 하다. 어른들의 세상을 바꾸어 온 이들은, 여전히 하늘을 나는 꿈을 꾸는 피터팬들이지 않았던가. 불확실성의 뒷모습인 잠재성 안에서 꿈으로 살아가는 동심들이다.

성인이 되어서도 하늘을 나는 꿈을 자주 꾼다는 것은, 그 시절로 회귀하고자 하는 열망으로 해석될 수 있다. 선택의 기로에서 갈등하고, 그마저 오롯이 마음 가는 대로 선택할 수도 없는 일이고, 무얼 선택하든 간에 또 후회가 뒤따르는, 어른의 시간에 그다지 만족을 느끼지 못하고 있는 것이다.

니체의 계보와 정신분석이 동심의 지점에 주목하는 이유이기도 하다. 그렇다고 아이처럼 굴라는 게 아니라, 이미 무의식까지 대타자의 볼모로 잡혀 있는 개인의 담론을 돌아보라는 것. 어쩌면 향유하고 있다고 믿는 것들이 그 바깥을 넘어다볼 수 없게끔 우리를 가두어 두고 있는 것인지도 모른다. 때론 길 밖으로의 여정, 그 노마드의 상징으로서의 '움직이는 성', 그것을 움직이는 불꽃악마. 관건은 지금 가장 포기하지 못하고 붙박혀 있는 것들을 불살라야 하는 것인지도….

모티브가 된 풍경은 프랑스란다. 개봉 당시 프랑스 언론에서는 성의 디자인을 '피카소'에 빗대며 극찬하기도 했다고⋯. 프랑스의 철학자 들뢰즈의 언어들로 해석하자면, 그 자체로 노마드. '탈영역화'와 '재영역화'를 동시에 지닌 이미지. 고전에 체화가 되어 있는 미야자키 하야오인지라, 그냥 여간한 철학적 허세는 다 들어맞는다. 해석하기 좋은 작품, 그래서 해석의 욕망들이 득달같이 몰려드는 것이기도 하고⋯.

　개인적으로 좋아하는 장면 중에 하나는, 그런 해석의 바깥에 있다. 하울의 성에 줄을 걸고 빨래를 너는 목가적인 풍경, 가끔씩은 일상으로 이상을 표현하는 하야오적 코드, 결국 이상이란 것도 일상 위에 지어 올리는 것이 아닐까? 불과 몇 년 전까지만 해도 이렇게 생각을 했다. 작품의 주제와 맞물린 하야오의 페미니즘을 걸고 본다면, 이 또한 남성중심적 감상은 아닐까 하는 생각도⋯. 판타지 속에서도 '집안 일'을 하고 있는 여자의 일상이니까. 피카소와 들뢰즈를 빨래줄로 붙박아 놓은, 어쩌면 마녀를 만나기 이전부터 소피에게 걸려 있던 저주.

달리 생각해 보면, 그런 저주가 이미 예정되어 있던 시간을 향해 나아가는 동력이었는지도 모르겠다. 그 저주까지가, 서로가 다시 만날 수 있었던 단 하나의 경우의 수였는지도…. 이로써 라이프니츠의 철학까지 설명할 수 있는 하야오의 세계.

　엇갈려 탄 회전목마처럼, 원을 그리며 돌아가는 평행선. 가까워지지도, 그렇다고 멀어지지도 않는, 인연이 비껴갔던 모든 시간이 도리어 인연의 순간으로 나아가고 있는 방향성인지도 모른다. 그런 세월의 장난이 아니었던들, 성숙하지 못했으리라. 결국엔 서로에게 닿지 못했으리라.

　이 작품의 결론은, 이제 그들은 회전목마에서 내렸다는 것. 언제나 닿을 수 있는 거리에서 서로의 손을 잡고 하늘로 날아오른다.

「벼랑 위의 포뇨」

◈ 인문학과 괴담 ◈

「벼랑 위의 포뇨」에서도 미야는 파도를 거의 혼자 그렸다. 파도의 새로운 표현에 집착한 것이다. 애초에 지금 일본 애니메이터의 파도 그리는 방법은 「미래소년 코난」에서 그가 개발한 것이다. 그것이 널리 퍼져나간 지 수십 년이 지나 새로운 파도를 만들기로 결심하다니 정말 대단한 사람이다.

- 스즈키 도시오

나쓰메 소세키의 『문』이란 소설에서 영감을 받은 작품으로, 소설의 주인공인 소스케의 이름도 차용을 했다. 염두에 두고 있었던 제목도 '벼랑 밑의 소스케'였단다. 다른 작품과는 그림체부터가 다르다. 글에 비유하자면, 같은 작가의 다른 문체인 경우. 크레파스와 색연필로 그린 동화책 삽화와도 같은 풍경들은 선도 반듯하지가 않다. 그에 반해 등장인물들은 다른 작품들과 다르지 않은 스타일이다. 때문에 그림과 그림의 관계가, 그림으로 달아났다는 어느 도교 신화의 이야기처럼, 마치 그림 속으로 걸어 들어간 실사처럼 연출된다.

컴퓨터 그래픽을 도입했던 이전 작품들과 달리 수작업으로 진행했다고 한다. 바다에서 이는 해일 장면은 흡사 우키요에(浮世繪) 작품 같기도 하다. 이는 일본 애니메이션의 기원이 되는 미술양식이다.

서양은 서양 내의 담론으로는 증명할 수가 없었던 문제를, 극동의 콘텐츠에서 얻은 영감으로 돌파한 경우들이 있었다. 라이프니츠 당대까지만 해도 유럽의 철학은 부동과 불변의 자기원인을 전제하고 있었다. 이를테면 절대불변의 근거인 신과 이데아에 관한 담론들. 문제는 불변의 원인에서 비롯된 세상은 왜 변화의 성질을 지니고 있는 것인가를 제대로 설명할 수 없었다. 유럽에서 찾을 수 없었던 역동성의 근거를, 라이프니츠는 막 유입되기 시작했던 중국의 철학에서 발견한다.

이와 비슷한 맥락의 경우가 인상주의 화가들이었다. 그들이 지향하는 색채의 근거를 극동에서 찾아냈다. 그 대표적인 사례가 일본의 판화(우키요에)이다. 일본은 일찍부터 유럽과의 교류가 있어 왔고, 우키요에 화풍은 주로 도자기를 싸는 폐지로써 유입이 되었단다. 폐지 더미에서 찾아낸 경외의 색채를 특화시킨 고흐였다는 사실은, 자신의 자화상에 함께 그려 넣은 우키요에로도 확인할 수가 있다. 여튼 따지고 보면 고흐와 하야오는 같은 기반이라는….

포뇨가 몰고 온 해일을 물고기 떼로 연출한 장면은, 포세이돈의 말 떼(파도)를 떠올리게 한다. 바다의 신이 인간을 심판할 때 사용하는 도구 역시 물이다. 반면 바다 여신의 딸이 몰고 온 해일은, 인간 세계에 느낀 호기심과 함께 뭍으로 들이친다.

한국의 귀신은 생전의 한을 풀고자 나타나지만, 일본의 귀신들은 무작위로 해악을 끼친다. 이는 일본인들에게 내재되어 있는 재해의 두려움이란다. 지진과 쓰나미 앞에서는, 지금까지 살아온 삶의 평가로 생사가 갈리는 게 아니니까. 때문에 귀신에게 제사를 지내는 이유가 - 일본인들의 무의식 속에서는 - 우리를 괴롭히지 말아 달라는 의미가 더 크다. 신사 참배도 마찬가지고….

  같은 연유로, 일본인들에게는 고대 애니미즘의 영향이 있단다. 사물에도 혼이 깃들어 있다는 것. 애니미즘과 애니메이션은 같은 어근이다. 융의 '아니마'도 그렇고…. 일본 애니메이션에는 요괴들이 많이 등장하기도 하지만, 정신분석의 인문이 강한 풍토이기도 하다. 실제로 이 작품이 개봉되고 몇 년 뒤에 '동일본 대지진'이 발생했다.

자신이 살아가는 심해 밖의 바다가 궁금했던 인면어는, 해파리 위에서 잠이 들었다가, 인간의 해역까지 밀려들게 된다. 쌍끌이 어망에 빨려 들어갔다가, 바다에 버려진 병조림 용기에 얼굴이 낀 채로 겨우겨우 탈출한 인면어는 바닷가에서 한 소년에 의해 건져진다. 소스케는 유리병 안에서 인면어를 꺼내 줄 요량으로 병을 깨다가 손을 베인다. 인면어는 소스케의 손을 핥아 그 상처를 치료해 주었고, 소스케는 인면어에게 '포뇨'라는 이름을 지어 준다.

　바다의 파수꾼 후지모토는 자신의 딸을 다시 바다로 데려오지만, 이미 소스케에게 호감을 느낀 포뇨는, 심해의 세계에서 불리던 자신의 이름까지 부정한다. 더군다나 소스케의 베인 손을 핥다가 인간의 피를 마신 포뇨의 몸에는 변화가 일어나기 시작한다. 후지모토는 마법을 이용해 포뇨의 각성을 겨우겨우 진정시킨다.

　후지모토는, 때론 자신의 마법을 증강시키기도 하는, 지구의 바다를 태초의 시절로 돌릴 수 있는 '생명의 물'을 금고 안에 보관하고 있었다. 아빠에게서 벗어나 다시 인간 세계로 가고자 했던 포뇨는, 탈출의 과정 중 한바탕 소란을 피우다가, 생명의 물이 보관되어 있는 금고의 문을 열게 된다. 그 생명의 물을 뒤집어쓴 포뇨는 완벽한 인간의 모습으로 변해 버린다.

포뇨가 인간의 모습으로 인간의 세계로 나왔을 때, 함께 찾아온 해일은 포뇨가 열어젖힌 생명의 힘을 상징하는 듯하다. 그 결과 소스케가 살고 있는 마을의 대부분이 바닷물에 잠긴다. 물속을 노니는 원시 바다의 생명체들은, 지구의 바다를 태초의 시절로 돌릴 수 있다는 그 생명의 힘이 인간의 바다에 흘러든 결과인 듯하고….

결말 즈음에 후지모토가 점점 지구로 가까워지고 있는 달을 걱정하는 대목이 있는데, 이는 생명의 힘이 지구 자체를 태곳적으로 돌리고 있다는 의미 같다. 실제로 달은 지구로부터 조금씩 멀어지고 있단다. 그러니 태곳적에는 지금보다는 지구와 더 가까웠을 터, 달의 인력으로 인해 소스케 마을을 덮친 바닷물의 높이는 더 올라갈 것을 우려하는 장면인 듯.

도대체 '~ 듯'을 몇 번이나 쓰는 건지. 그냥 동화적 이해가 필요한 장면에 과도한 논리적 해석을 들이대는 노력인

'듯'싶기도….

　항상 아빠의 품으로부터 벗어난 세계에 관심이 많았던 포뇨는, 소스케와의 우연한 만남 이후로 인간이 되길 갈망한다. 아빠의 회유와 억압에도 포뇨는 기어이 인간의 세계로 돌아온다. 그러나 바다의 딸과 함께 찾아온 것은 마을을 덮친 해일이다. 이는 문명에 대한 바다의 경고는 아니었다. 문명 안으로 들어오려는 자연의 원초적 충동이 동반한 부작용이었다고 할까? 인간 사이에서 자라난 소스케가 예의 바른 것에 비해, 날것 그대로의 좌충우돌인 포뇨의 성격을 닮은 파고(波高)이기도 했다.

　포뇨의 아버지 후지모토는 자신이 꿈꾸는 세계를 위해, 자신의 딸이 그 이상 안에서 자라 주길 바란다. 그러나 바다의 딸은 그냥 자기 충동에 충실하다. 그 충동의 방향이 인간의 문명을 향해 있다. 이 작품에서는 자연과 문명의 입장이 명확하게 구분되어 대치하는 것이 아니라 혼재되어 있다. 이는 원시 자연으로의 회귀보다는 자연과 문명이 조화를 꾀하는 미래의 방향성이기도 하다. 바다의 여신인 포뇨의 엄마는, 인간이 되고 싶은 포뇨를 위해 문명에게 먼저 손을 내민다.

바다에 관한 꿈은 여러 메타포를 지니고 있지만, 그중 하나가 태초의 원형이다. 문명의 셈법에 길들여지지 않은, 순수한 열망의 파고로 일렁이고 있는 자연의 에너지이기도 하다. 정신분석은 의식과 무의식을, 한 인간의 시간(개체)이 전 인류의 역사(계통)를 반복으로, 문명과 자연의 관계로 설명하기도 한다. 아이는 아직 문명으로의 사회화가 진행되지 않은 자연성의 시간이다. 한때는 인간이었지만, 인간에게 환멸을 느끼고 바다의 파수꾼이 된 후지모토와 바다의 여신 사이에서 태어난 포뇨는 아직 문명의 때가 묻지 않은 원시의 바다를 상징한다고 볼 수 있지 않을까? 그런 면에서, 포뇨와 소스케의 만남은 문명과 자연의 화해를 촉구하는 메시지로 읽히기도 한다.

물론 하야오가 이런 해석을 염두에 두고 임한 작업은 아니었을 테고, 이런저런 해석의 노력들이 몰려들 만큼, 그의 직관 자체가 너무도 매력적인 지평이라는 반증이기도 하다. 내 해석도 올바른 감상법은 아닐지 모른다. 동심의 눈으로 감상하는 것이 하야오의 의도를 올바로 이해하는 방법일 테지만, 이 작품과 관련한 '괴담'에 대해 이야기하기 위해 굳이 정신분석의 지식을 앞서 배치했다.

소스케가 다니는 유치원은 노인요양원과 이웃해 있
다. 소스케의 엄마 리사는 그 요양원에서 일을 하고, 엄마
의 출퇴근과 등하교를 함께하는 소스케는 요양원의 할머
니들과도 친하게 지내는 사이다. 해일이 마을을 덮친 날
저녁, 할머니들이 걱정된 리사는 따라나서는 소스케를 겨
우겨우 달랜 후 요양원으로 차를 몬다. 마을을 집어삼킨
바닷물이 고지대에 자리한 소스케의 집 앞마당까지 차오
른 이튿날, 아직 리사는 집으로 돌아오지 못했다.

  소스케는 포뇨의 마법으로 크기가 커진 장난감 배를 함
께 타고서 리사를 찾아 나선다. 뭍이 드러난 지역에서 발
견된 리사의 차, 소스케는 엄마에게 무슨 일이 일어난 것
은 아닐까 하는 걱정으로 울먹거리고, 포뇨는 소스케를 위
로한다. 요양원으로 발길을 재촉하는 그들 앞에 나타난 터
널 안으로 걸어 들어가려는 순간, 포뇨는 무언가 알 수 없
는 불안에 휩싸인다.

  터널을 지나는 도중에, 그전부터 기면증 환자처럼 잠이
들곤 했던 포뇨가 다시 쓰러진다. 그리고 인간의 모습에서

다시 물고기의 모습으로 변한다. 뭔가 이상을 감지한 소스케는 포뇨를 안고 터널 반대편으로 내달려, 터널 앞 바닷물에 포뇨를 누여 본다. 그런데 그 바닷가엔 포뇨의 아빠 후지모토가 기다리고 있었다. 후지모토는 다시 포뇨를 데려가려 하고, 소스케는 이에 저항한다. 그때 저 멀리서 소스케를 부르는 한 할머니는 후지모토를 사기꾼으로 몰아붙인다. 관절염을 치료해 주겠다고 다른 할머니들을 꼬드겨 바다 밑으로 데러갔지만, 자신은 결코 속지 않았노라며….

바다 밑에서는, 소스케의 엄마 리사와 그랑 맘마레(포뇨 엄마)가 조우하고 있었다. 침수된 요양원에 만든 수중 돔 안에서, 요양원 할머니들은 싱싱한 관절을 되찾았다. 그랑 맘마레는 리사에게 건네는 당부는, 인간이 되어 엄마의 품을 떠나게 될 포뇨에 대한 것이었다. 바닷가에서 후지모토로부터 달아나다 수중 돔 안으로 들어오게 된 소스케는 리사와 만나고, 포뇨는 그랑 맘마레를 만나다. 각자의 엄마를 다시 만난 이후로, 스토리는 전형적이고도 무난한 해피엔딩의 결론이다.

이 작품에 관해 한 일본 평론가의 글을 읽은 적이 있는

데, 다분히도 프로이트적인 해석을 내놓고 있다. 그의 해석에 따르면 리사와 그랑 맘마레 그리고 할머니들이 모여 있던 수중 돔은 자궁을 의미한다. 그러니까 그곳을 채운 바닷물은 양수의 의미를 지닌다. 소스케가 엄마를 찾아가는 길은, 포뇨가 자신의 엄마에게 가고 있는 길이기도 했다. 그렇다면 소스케와 포뇨가 지나온 터널은 어떤 상징일까? 이 서사가 모태 회귀를 의미한다는 주장이다. 모태 회귀는 무(無)적 존재로 돌아가고자 하는 죽음의 충동을 뜻하기도 한다. 터널 속에서 포뇨가 물고기로 돌아가는 장면이 그런 상징이었을까?

일본 평론가들의 책을 몇 권 읽었는데, 이런 식의 해석이 꽤 있다. 한국보다야 인문학 저변이 넓은 일본이기도 하지만, 지식인들 사이에서는 정신분석에 대한 담론도 우리보단 보편적인 풍토란다. 라캉이 지적했듯, 프로이트주의자의 문제는 그 왜곡과 남용에 있다. 등장인물들이 좁은 통로로 들어서기만 하면 여지없이 엄마의 질로 해석하고, 약간의 물만 고여 있어도 그건 여지없이 양수를 상징한다.

포뇨의 마법으로 커진 소스케의 장난감을 그런 과잉의 성격으로 해석해 보자면, 이는 프로이트 문법에서의 남근이다. 우리 욕망의 근간을 팽창시키는 여자의 마술, 그리고 그 배가 결국 엄마의 자궁으로 이끄는 오이디푸스적 근친상간 등등. 지금까지 내가 써내린 해석이 이해가 되나? 아니 납득이 되나? 이래서 들뢰즈 같은 철학자들이 이런 프로이트 식의 해석을 싫어했던 것이기도 하다. 다른 식으로 충분히 설명할 수 있는 스토리를 굳이 성의 담론에 천착한 해설로 풀어내는, 이 무슨 동심파괴적 지랄들이냐며….

나도 정신분석을 꽤나 활용하는 경우이지만, 공부한 티를 내야겠으니 들어 쓰는 것일 뿐이고, 그도 내가 용납할 수 있는 선에서의 활용이다. 개인적으로는 들뢰즈의 철학을 좋아하는 성향이다 보니, 성적 코드에 관한 용어도 최대한 번안해서 쓴다. 포뇨와 소스케가 리사를 찾아가는 도중에 나룻배를 탄 부부와 아기를 만나는 장면에 관한 어느 일본 비평가의 정신분석적 주장을 단적으로 반박해 보자면….

소스케는 아기의 마음을 알아듣고서 자신이 가져온 스프를 건넨다. 그런데 아기를 먹이라고 건넨 스프를 엄마가 먹는 것을 보고 포뇨는 다소 의아해한다. 아기 엄마는 아직 아기가 음식을 먹을 수가 없어서, 자신이 먹어야 아기가 먹을 수 있는 젖이 나온다고 대답한다. 소스케가 포뇨에게 자기도 아기 때 리사의 젖을 먹었다고 부연을 해준다.

평론가는 이를 프로이트의 구강기로 해석한다. 아기는 엄마의 젖꼭지를 물면 포만감을 느낀다는 사실을 알고 있다. 그러나 아직 지능이 발달한 단계가 아니다 보니, 흡입과 젖의 인과까지는 알지 못한 상태에서 배가 고프면 일단 뭐라도 빨고 보는 것. 이 불명확한 인과가 행위로 굳어진 경우가 공갈젖꼭지를 물고 있는 아기들이다. 젖이 나오지 않더라도 빨고 있는 행위만으로도 안정감을 느낀다. 이 관계성이 그대로 옮겨 가는 사례가 유아기에 애착을 보이는 인형이나 담요 같은 사물이다. 이는 어머니의 부재를 견디게 하는 대용물이기도 하다. 그리고 일부 성인들이 특정 사물에 대해 느끼는 페티쉬적 욕망, 그 도착과 집착을 이 도식으로 설명하기도 한다. 평론가는 소스케가 리사의 젖을 언급하는 장면을, 소스케가 아직 구강기를 벗어나지 못한 상태라서 그렇다고 설명하는데, 그냥 이전에는 물고기였던 포뇨의 이해를 돕기 위한 것일 뿐, 설령 포뇨가 포유류의 수중 생물이란 설정이라 해도. 그게 무슨 정신분석적 구강기를 적용할 일이냐 말이다.

소스케와 포뇨가 지나게 되는 터널은, 그저 리사를 찾아가는 한 여정으로 해석해도 무방하다. 이는 신화 속에서도 많이 배치되는 구성이다. 소스케는 엄마에 대한 걱정에 휩싸여 터널 안으로 들어서지만, 터널 저편에는 소스케의 걱정과 다른 상황이 펼쳐지고 있다. 지금 여기에서의 걱정 혹은 기대와는 사뭇 다른 모습으로 전개되고 있는, 저 너머의 정황을 알 수 없게끔 하는 베일로서의 장치다. 때문에 신화 속의 영웅들도 동굴을 지나가거나 숲을 지나가거나 한다.

정신분석을 십분 활용하면서도 프로이트가 집착했던 성적 코드에 회의적이었던 철학자들은, 사회학 차원으로 설명한다. 성욕은 우리의 욕망의 근간이란 사실을 프로이트가 맨 처음 주장한 것도 아니다. 어찌 됐건, 프로이트의 주장대로 우리의 모든 욕망이 성욕으로부터 분열된 것이라면, 분열되어져 나온 양상을, 그것이 딛고 있는 패러다임 안에서 설명하면 되는 일이 아닐까? 모든 걸 무리하게 성의 담론으로 소급하다 보니 왜곡된 해석으로 미끄러진다. 프로이트 추종자들에게 별 게 다 남근의 상징이다. 그런데 그것이 왜 남근을 상징하는지는 설명하지 않는다. 그 이후가 설명되어질 뿐이다.

『어린 왕자』 기획을 준비하면서 관련 논문을 몇 개 읽었었는데, 어린 왕자가 소행성 B612의 화산을 청소하는 장면을 오이디푸스적 근친상간으로 해석하는 논문도 있었다. 분위기를 환기시키려면 사는 곳을 청소할 수도 있는 일이지, 그걸 굳이 그렇게 해석할 필요가 있었을까? 아마 그들에겐 코를 후비는 쾌감도 프로이트적 소재인지 모르겠다.

프로이트는 신화의 상상력이 어디서 왔겠냐는 질문으로, 꿈과 신화의 관련성을 연구했다. 어린 시절부터 고전 판타지를 두루 섭렵한 하야오이다 보니, 의도하지 않았더라도 이런저런 신화소(素)들이 작품에 녹아 있을 수 있고, 은연중에 정신분석의 코드들을 직관적으로 배치한 경우들도 있을 게다. 그렇다고 그걸 그렇게까지 에로스의 담론으로 밀어붙이는 경우도, 글쎄 그도 물론 해석의 자유이겠지만, 그 자체로 어떤 도착의 욕망 같기도 하다. 하야오는 지식을 빙자한 이런 괴담들에 대해 진절머리를 낸다.

마지막에 가서는 모두가 제자리로 돌아왔다는 사실을

충분히 느낄 수 있는 결말이다. 대양 한가운데 묶여 있던 선박들이 그랑 맘마레의 도움을 입는 장면도 나오고, 소스케 아빠의 배가 다시 마을로 돌아오고, 구조 헬기들도 보인다. 밑도 끝도 없이 이 모든 걸 죽은 자의 시선에서 바라보는 풍경으로 해석할 일인가 말이다.

프로이트의 정신분석은 물론 철학사적 입지가 확고한 학문이지만, 후학들에 의해 많은 비판이 제기되었고, 수정을 거듭해 왔다. 모든 철학과 종교가 그렇기도 하지만, 프로이트의 이론 그 자체에 대해서도 설 아는 충정들의 열정이 엇나간다.

04

청춘의 기록들

「바다가 들린다」
◈ 소년과 소녀의 여름 안에서 ◈

지브리 스튜디오의 프로듀서인 스즈키 도시오에 따르면, 하야오가 프로듀서를 맡은 「귀를 기울이면」은 감독 콘도 요시후미의 작품으로 봐야 할지 하야오의 작품으로 봐야 할지가 모호하다고 한다. 그만큼 감독의 자격으로 참여한 작품이 아니었어도 그의 영향력은 컸던 경우까지를 함께 다루어 볼까 한다.

신진 애니메이터 육성 일환으로 제작된, 하야오가 자신의 세계관과는 사뭇 다른 스토리에 자극을 받아 「귀를 기울이면」을 제작했다는 이야기로도 유명한 작품이기도 하다. 하야오가 참여한 작품은 아니지만 어떤 점이 그를 자극했는지, 「바다가 들린다」를 먼저 살펴보도록 하겠다.

페미니스트라는 평도 있는 하야오의 작품에 등장하는 소녀들은 대개 진취적이고 독립적이다. 그에 비해 「바다가 들린다」에 등장하는 여주인공은, 상류층 가정에서 불편함이라고는 모르고 자란, 그럼에도 자신이 제일 불쌍한 줄 아는, 다소 의존적이면서도 때론 이기적인 모순을 지닌 캐릭터이다.

도쿄에서 지방으로 전학을 오게 된, 예쁘고 공부도 잘하는 리카코. 그리고 어쩌다 그녀와 얽히게 된 타쿠. 소년은, 자신의 맘에 들지 않으면 못된 말도 서슴없이 내뱉는, 자신의 못된 모습을 모른 척하는 건지 아니면 정말 모르는 건지를 도통 모르겠는 소녀가 당최 이해되지 않는다. 더 이해가 가지 않은 사실은 어느 순간부터 이미 그녀를 좋아하고 있는 저 자신에 관한 것이다.

타쿠는 어쩌다 리카코와 함께 된 도쿄에 오게 된다. 자신이 전학을 간 지 2달도 안 돼서, 자신의 절친과 사귀어 버린 옛 남자친구 앞에서의 자존심을 지키기 위해, 타쿠를 이용하는 리카코. 소년은 소녀가 한심하기도 하지만, 그래서 소녀가 더 안쓰럽고 걱정되기도 한다.

그러다가도 간간이 리카코에게서 순수한 모습을 확인한 순간들이 타쿠의 눈에 밟힌다. 리카코 또한 옛 남자친구 앞에서의 자존심을 지키기 위해 벌인 허영이 얼마나 한심한 것인지를 스스로 느낄 정도로, 이미 타쿠와 함께한 시간 동안 많이 변해 있었다. 이미 옛 남자친구에게 아무것도 느낄 수 없지만, 한때나마 그런 남자를 좋아한 자신이라는 사실이 용서되지 않아서, 더더욱 타쿠가 필요했던 순간이었는지도 모르겠다.

반 아이들로부터 '이기적인 년' 소리를 들어도 늘상 당당한 리카코는, 또 타쿠에게는 그런 모습을 들키는 게 싫다. 그래서 화를 낸다. 소년의 입장에서는 이게 도대체 뭔 시추에이션인가 싶다. 그녀를 좋아하는 입장에서는 제발 이런 식으로 흘러가지 않았으면 하는 스토리는 항상 소망을 비껴간다. 그런데 소녀의 입장에서는, 자신도 자기 성격을 모르는 게 아닌데, 그걸 몰라 주며 비껴가는 소년이 원망스럽다.

그렇게 아무 진전 없이 흐지부지 흘러가 버린 시간. 졸업을 하고 나서야, 다시 서로의 현재를 궁금해하는 서로.

헛되이 보낸 시간인 듯하면서도, 그 시절의 그 모든 것이 서툰 사랑의 표현이었다는 걸 말할 수 있는 약간의 성장을 가져다주기도 한 시간이었다. 그때 그 시절의 리카코는 자신이 바라보는 것들에 관해서, 타쿠와 이런저런 대화가 하고 싶었던 것. 타쿠 역시 그러했듯. 그러나 정작 그런 대화를 가능케 할 이해가 가능하지 않았던, 그 시절의 서로 각자였다.

도쿄에 소재한 대학으로 진학한 두 사람에게, 시간은 한 번의 기회를 더 선사한다. 이번에는 리카코도 타쿠도 그 시간의 배려에 대한 예의를 다한다. 타쿠는 그녀를 향해 내달리고, 리카코는 그를 기다린다.

「바다가 들린다」는 제목이 의미하는 바. 누군가에게는 순수 타령의 진부함으로 들릴 수도 있겠지만, 그 시절의 사랑이 보다 애틋하게 느껴지는 이유는 회상을 통한 왜곡의 미화를 즐기는 것이기 때문이기도 하다.

'지나간 어느 여름날'의 이미지 안에는 무더위도 열대야도 없다. '내 기분만큼 밝은 태양과 시원한 바람들' 사이로, '환한 미소와 함께 서 있는' 너와 내가 있을 뿐이다. 경제적 지표로 환산되는 가치들이 끼어들지 않는, 사랑이 아닌 것들에 휘둘리지 않는 순수와 낭만 사이로, '같은 시간 속에 이렇게 함께 있는 것만으로도' 좋았던 날들.

「귀를 기울이면」

◈ 사랑, 그 놈 ◈

Country roads, take me home

To the place I belong West Virginia mountain momma

Take me home, country roads

　아마 내 또래서부터가 팝송에 대한 추억이 단절된 세대이지 않을까 싶다. '춘추전국'이라 불리며 한국 가요가 우위를 점하기 시작했던 시대에 학창시절을 보냈기에, 개인적으로도 본 조비와 마이클 잭슨을 제외하고는 팝송에 대한 관심이 덜했다. 영어 듣기 평가도 젬병이었던 터라, 알아듣지 못하는 가사를 싣고 들려오는 멜로디가 경음악이나 별반 다르지 않았다. 역설적으로, 가수의 목소리가 가장 좋은 악기라는 명제가 참이 되는 순간. 가사의 의미에 방해받지 않고서 소리에 집중할 수 있는, 언어의 기능이 소외된 채로 들려오는 노래들.

이 곡이 존 덴버의 노래라는 사실을 알았을 땐, 내가 존 덴버가 누구인지를 모르고 있다는 사실까지 아울러 깨달아야 했다. 그전까진 애니메이션 「귀를 기울이면」에 삽입된 일본어 번안곡으로 기억하고 있었다. 지금도 「Take me home country roads」의 멜로디를 어쿠스틱 기타의 포크 선율 속에 울려 퍼지는 존 덴버의 부드럽고 나지막한 음성으로 상기하지는 않는다. 바이올린 장인이 되고 싶어 했던 세이지의 앤틱한 연주와, 음치라는 고백 너머에서 단발머리를 찰랑거리며 신명나게 불러 젖히던 시즈쿠의 몰아적 감성으로 대신할 뿐이다.

지금의 시대에 '팝송'이라는 명칭 자체가 아직 유효한 것인지는 모르겠으나, 지금도 팝송에는 거의 관심이 없다. 못 알아듣는 가사에 실린 멜로디가 내게는 여전히 경음악이나 별반 다르지가 않다. 이 노래의 가사를 아직도 다 알아듣지는 못한다. 하지만 이젠, 무슨 이야기를 싣고 있는 노래인지를, 그냥 알 것 같은 나이. 이젠 그냥 안다.

하야오가 각본을 썼지만, 이도 그가 우연히 읽어 보게 된 만화가 원작이란다. 감독을 맡은 콘도 요시후미는 미야 자키 하야오를 이을 것으로 기대되던 지브리 스튜디오의 유망주였지만, 이 작품의 개봉되고 얼마 지나지 않아 심혈 관 질환으로 사망한다.

그렇듯 한치 앞도 알 수 없는 세상사. 그런 세상사의 이 런저런 곡절을 겪은 후에 다시 감상해 본 「귀를 기울이면」 은, 당연히 예전과는 다른 느낌이다. 세이즈와 시즈쿠의 미래는 어떠했을까? 정말 각자의 꿈을 이뤘을까? 그들의 사랑은 아직도 현재진행형일까?

시험을 보다 말고 스기무라 쪽을 쳐다보는 시즈쿠. 따가운 시선을 느끼고 돌아보는 스기무라에게 시즈쿠는 낮은 목소리로 대뜸 '바보'라고 말한다. 이는 자신의 단짝 친구인 요코의 마음을 몰라 주는 스기무라에 대한 질책이었다. 그러니까 그를 짝사랑하고 있는 친구를 대신한 우정의 언어이다.

내막을 알 리 없는 스기무라 입장에서는 황당하다. 게다가 스기무라는 요코가 아닌 시즈쿠를 좋아하고 있다. 실상 마음을 몰라 주는 '바보'는 시즈쿠 저 자신이기도 했다.

스기무라 입장에서는 그 '바보'를 다르게 해석할 수도 있지 않았을까? 여자의 육감으로 스기무라의 마음을 이미 알고 있는 시즈쿠가, 왜 자신을 좋아하면서 고백도 못 하냐며, 용기 없는 남자를 향해 투정 어린 질책을 하고 있는 것으로….

그날 스기무라는 시즈쿠에게 '바보'의 의미를 묻다가 얼떨결에 시즈쿠에게 고백을 한다. 바보가 바보에게….

언어는 맥락이다. 문제는 누구 입장에서의 맥락이냐는

것. 나의 이해로 다가선, 나를 둘러싼 맥락에서의 오해. 조금 더 다가와 달라는 시그널이었을까? 아니면 조금 더 다가가고 싶었던 나의 해석이었을까? 최선의 경우를 상상해 보기도 하지만, 나도 모르게 입술을 비집고 나와 버린 그 고백으로 인해 불편함 혹은 부담의 거리로 멀어지지 않을까 하는 두려움도 함께하는 복잡한 심정. 그 사람이 나를 사랑하지 않는다는 진실보다도, 이젠 그 사람이 아니면 안 되는 내 진심이 더 불안이라서….

스기무라는 얼마나 후회했을까? 고백을 하지 않았더라면, 더 가까워지지는 못하더라도 이전과 같은 애틋함의 거리라도 유지할 수 있었을 것을, 차라리 시즈쿠도 내게 마음이 있었을 거라는 여지의 오해로 남겨 둘 것을, 이젠 어색한 시선으로 시즈쿠의 일상을 바라봐야 한다. 시즈쿠도 나만큼이나 어색할까, 내게 한 번의 기회가 더 있는 걸까, 하는 고민도 시즈쿠가 다른 남학생과 사귄다는 소문을 전해 들은 것으로 끝이다. 차라리 시즈쿠가 자신의 마음을 몰랐다면, 이렇게까지 초라해지지는 않을 텐데, 애써 아닌 척 괜찮은 척해도, 전혀 괜찮지 않고 계속해서 신경이 쓰인다.

남는 것은, 그 사람도 나에게 마음이 있는 줄 알았던 나의 오해와, 그 사람은 나를 사랑하지 않는다는 이해. 물론 이 가능성을 염두에 두느냐 그동안 다가서지 못했던 것이었는데, 한 방의 결정적 오해로 인해 용기를 내어 다가섰다가 이해로 멈춰 선 자리에서의 어색함.

이 사랑을 저 사랑으로 잘도 잊어 가는 경우가 있는 반면, 이 사랑을 잊을 때까지 다른 사랑이 시작되지 않는 사람도 있다. 그 사람만을 바라보다가 더 좋은 인연일지도 모를 시선에는 무심하기도…. 그런데 또 어쩔 수 있나? 많고 많은 사람 중에 왜 그 사람을 사랑하는지, 왜 그 사람이 아니면 안 되는지, 그 이유를 모르겠어도 그냥 사랑할 수밖에 없는, '사랑, 그 놈'이기에….

고백의 말을 모질게도 잘 참아 내고 있는 경우도 인연은 아닌지 모르지만, 혹 받아들여지지 않은 고백으로부터 만들어 가야 하는 인연인지도 모른다는 믿음이 앞서는, '사랑, 그 놈'이기에….

도서 대출카드에서 막 바코드인식 시스템으로 넘어가고 있던 시절, 그 시절의 아날로그적 풍경만큼이나 풋풋한 첫사랑에 관한 이야기. 스토리의 단서가 되는 사건은 항상 시즈쿠보다 한 발 앞서 책을 빌려 간 것으로 대출카드에 적혀 있는 '아마사와 세이지(天沢聖司)'라는 이름이다. 일종의 노출효과라고 볼 수 있을까? 시즈쿠는 은연중에 익숙해진 그 이름으로부터 막연한 환상을 품게 된다.

　나중에 가서야 그 전모가 밝혀지는데, 평소 독서를 좋아하는 시즈쿠에게 관심이 있던 한 남학생이, 시즈쿠와 알고 지낼 방법을 고심한 흔적이었다. 시즈쿠에게 도서대출카드에 적힌 자신의 이름을 각인시킬 요량으로, 도서관에 비치된 책을 닥치는 대로 대출했던 것.

　그 남학생이 아마사와 세이지라는 사실을 모른 채 이끌려 간 첫 만남에선, 다소 밥맛없는 경험이 기다리고 있었다. 그러나 우연이 다시금 시즈쿠 앞에 데려다 놓은 세이지는, 환상으로 그려 왔던 모습은 아닐망정 이미 거부할 수 없는 매력도였다. 일찌감치 바이올린 장인으로서의 진로를 정하고 그 꿈을 향해 한 발 한 발 내딛고 있는 세이지의 어른스러움. 그에 비한다면 시즈쿠 자신은 그저 철없는 중학생 소녀에 지나지 않았다.

한편 시즈쿠의 단짝 친구인 유코는 같은 반의 스기무라를 짝사랑 중이다. 그런데 유코를 좋아하고 있던 다른 남학생이 고백하기 직전의 상황이다. 그 남학생의 절친이었던, 이 눈치 없는 스기무라는 사랑의 가교 역할을 하고 있다. 환장할 지경의 유코는 스기무라에게 한바탕 화를 퍼부은 다음 날 학교에 나오지 않았다. 스기무라는 시즈쿠에게 유코의 안부를 물었고, 그 상황이 자못 답답했던 시즈쿠는, 이 둔해 빠진 스기무라에게 유코가 널 좋아하고 있다는 사실을 말하고야 만다.

문제는 스기무라는 시즈쿠를 좋아하고 있었다는 사실. 정작 둔한 건 시즈쿠 자신이었다. 그러나 이미 시즈쿠의 마음은 세이지를 향해 있다. '앞으로도 그저 친구일 뿐이야?'라고 묻는 스기무라의 쓸쓸한 물음 이후 시즈쿠와는 한없이 어색한, 겨우겨우 친구인 상황이다. 얼마 후 스기무라는 세이지와 시즈쿠의 사이를 알게 된다. 오랜 시간 동안을 아껴 두고 있었던 이 러브스토리에, 결국 자신은 조연에 불과했다는 깨달음 앞에서 어찌할 바를 모르겠다. 스기무라가 갈망했던 방향으로는 쓰여지지 않고 있는 이야기 앞에서는, 자신을 좋아하고 있는 유코의 존재가 별다른 위로가 되지도 않는다.

평소 책을 즐겨 읽는 중학교 3학년 시즈쿠는 아버지가 도서관에서 일을 하신다. 여느 직장과는 다른 도서관의 휴일 시스템, 주말이면 딸들이 아버지의 도시락을 챙긴다. 어느 날 아버지의 도시락을 들고서 도서관으로 향하고 있는 시즈쿠의 관심을 끌었던 건, 함께 지하철에 오른 고양이다. 지하철을 이용하는 일에 익숙하다는 듯, 떡하니 좌석을 차지하고, 창밖을 감상하는 여유까지…. 마침 시즈쿠가 내려야 할 역에 앞서 내리고 있던 고양이를, 시즈쿠는 무작정 따라 가보기로 한다. 소설을 쓰고자 하는 꿈을 지녔던 터라, 좋은 소재라고 생각했던 것.

　그 고양이를 따라가다가 멈춰선 한 골동품 가게는, 시즈쿠가 한 번도 와본 적 없는, 도서관의 윗동네에 자리하고 있었다. 우리의 삶도 그렇지 않은가. 살고 있는 동네에서조차도 늘 가던 곳까지만 가고, 늘 다니던 길로만 다닌다. 저 골목 돌아에 무엇이 있는지를 궁금해하지 않는다. 어차피 이 블록과 별반 다르지 않은, 그 또한 '이 동네'이니 별것 있겠냐는 무관심으로, '저기에' 무엇이 놓여 있는지를 오래도록 알지 못한다. 결과적으로 시즈쿠에게는 자신의 미래가 놓여 있던 '저기'였다.

무언가 홀린 듯, 가게에 진열된 고양이 남작 인형를 넋을 놓고 바라보다가, 이 가게의 주인인 할아버지와 그리고 손주 세이지와의 인연이 시작된다. 그렇듯 세이지와의 인연은 (대출카드에 자신의 이름을 적었던) 세이지 혼자만의 노력으로 이루어진 건 아니다. 떠돌이 길고양이가 몰고 온 우연이 더해진, 필연과 우연이 교차하는 지점에서 시즈쿠를 만나게 된 것.

도서 대출카드에서 본 '아마사와 세이지'라는 이름에 환상을 지니고 있던 시즈쿠는, 다소 재수 없는 첫인상으로 다가왔던 그 놈이 이 놈이었다는 사실이 못내 실망스러우면서도, 한편으론 바이올린 장인의 꿈을 키워 가는 세이지에게 매료된다. 시즈쿠는 이미 자신의 미래에 대한 확고한 마스터플랜이 세워져 있는 세이지가 부럽다. 그에 비해, 미래에 대한 아무 계획도 없는 자신이 너무 초라해 보인다. 어느 순간부터는 세이지만큼이나 확고한 무엇을 찾아야 한다는 강박이, 세이지를 향한 감정을 앞지르기 시작한다.

시즈쿠는 대학을 다니고 있는 언니에게 '진로'에 대해

묻는다. 언니는 언제 그 답을 찾았느냐고…. 언니의 대답은, 자신도 아직 찾는 중이라는 것이었다. 그리고 그것을 알기 위해 대학에 진학을 한 것이라고…. 우리도 대부분은 언니의 입장이 아니었던가. 무엇을 하고 살아야 하는지 몰라서, 그 고민은 일단 대학 진학 이후로 미뤄 둔다. 그리고 당장에는 대학 진학의 고민에 열중하는 것. 그러나 대학 진학 이후에도 달라지는 건 별로 없다. 진지한 고민을 해볼 새도 없이, 사회가 제공하는 매뉴얼 안에서의 고민이 시급해진다.

세이지에게 자극을 받은 시즈쿠는 자신이 그토록 꿈꾸는 소설가로서의 가능성에 대해 시험해 보기로 한다. 시즈쿠는 세이지의 할아버지를 찾아가서, 그의 애장품인 고양이 남작에 관한 소설을 써보아도 되겠냐며 양해를 구한다. 선뜻 수락한 할아버지가 내건 조건은, 자신이 그 소설의 첫 번째 독자가 되는 것. 완성된 소설을 할아버지에게 가장 먼저 보여 줄 것을 약속하고, 집으로 돌아오는 내내, 시즈쿠는 대강의 스토리를 구상하기 시작한다.

집으로 돌아오는 길에 시즈쿠의 구상 속에 펼쳐지는, 이 작품을 아는 사이에선 꽤나 유명한 내리막길에서의 판타지. 이 상상 속에 등장하는 배경은 이노우에 나오히사(井上直久)라는 화가가 70년대부터 그리기 시작한 '이바라드 시간'의 일부다. 그의 전시회에 들렀다가 그의 작품에 찬탄을 늘어놓던 하야오가 그에게 직접 작업을 맡겼는데, 이런저런 시도 끝에 결국엔 컴퓨터 그래픽으로 완성했단다.

시즈쿠의 소설은, 골동품 가게에서 본 괘종시계에 얽힌 드워프와 엘프의 슬픈 사랑 이야기를 모티브로 하는, 고양이 남작을 만든 장인의 이루어질 수 없는 사랑에 관한 이야기이다. 그러나 구상 단계에서는 그토록 설레였던 스토리가, 막상 써보려니 순탄하게 진행되지는 않는다.

학교 시험까지 포기해 가며, 겨우겨우 완성한 원고를 들고 다시 세이지의 할아버지에게 찾아가지만, 내심 자신의 원고가 마음에 들지 않는 시즈쿠. 잘 썼다는 할아버지의 칭찬에도, 시즈쿠는 그 말을 믿지 않는다. 자신이 상처받을 것 같아서 일부러 칭찬으로 덮은 할아버지의 위로라고 생각이 앞설 뿐이다. 할아버지는 아직은 세련되지 못한 투박한 문체에 묻어나고 있는 진정성을 세이지의 바이올린에 비교한다. 세이지도 아직은 성장의 과정이듯, 시즈쿠도 세련의 과정을 거치면 분명 훌륭한 소설가가 될 것이라며 다독인다.

그리고 이전에 시즈쿠에게 선물로 주었던 에메랄드 원석에 비유하기도 한다. 세이지나 시즈쿠나 이미 좋은 자질을 지니고 있는 원석이며, 이제 그것을 보석으로 만들어야 하는 날들이 남아 있는 거라고…. 무엇보다도 시즈쿠가 쓴 소설의 주인공이 이루지 못한 슬픈 사랑은, 고양이 남작 인형과 얽혀 있는 할아버지의 젊은 날에 관한 이야기와 무척이나 닮아 있었다. 시즈쿠는 자신도 모르게 골동품 가게 전체를 소재로 삼아 소설을 썼던 것.

그렇게 얼마간의 시험을 통해 자신이 무엇을 할 수 있는지를 조금이나마 깨달은 시즈쿠는 다시 일상으로 돌아온다. 당장에 매몰하는 열정보다는, 꾸준한 절차탁마(切磋琢磨)의 시간을 위해, 문학과 관련한 진학을 선택한다. 세이지는 세이지의 꿈을 향해 이탈리아 유학을 앞두고 있던 시점, 세이지는 자신만이 아는 비밀의 장소라며, 일출이 보이는 언덕으로 시즈쿠를 데려간다. 그리고 밝아오는 희망 아래서 서로의 미래를 약속한다.

「코쿠리코 언덕에서」
◈ 잃어버린 것들의 가능성 ◈

　감독의 작품인지 하야오의 작품인지가 애매한 경우. 그
중 하나가 아들인 미야자키 고로가 감독을 맡았던 「코쿠
리코 언덕에서」이다. 판타지의 요소를 배제한 사실주의로
제작된 지브리 스튜디오 최초의 작품이라고 한다. 미야자
키가 각본을 맡았는데, 원작은 그가 애독하던 80년대 만
화이다. 배경은 1964년 도쿄올림픽이 열리기 직전의 요
코하마. 그 시대를 살아간 풋풋한 청춘남녀의 사랑을 아날
로그적 감성으로 그려 내고 있다.

　하야오는 일본 사회가 뒤틀리기 시작한 계기를 1964년
의 도쿄 올림픽으로 보고 있다. 고도 경제성장의 결과 생
활은 풍요로워졌지만, 그로 인해 잃어 간 가치들. 그 폐해

들이 그의 작품들에서 다루는 주제들이기도 하다.

바다가 내려다보이는 언덕에 자리한 저택에 살고 있는 소녀는, 매일 같이 깃발을 올려 앞바다에 오가는 배들에게 신호를 보낸다. 우미의 아빠는 뱃사람이었다. 의사 집안이었던 외가는 엄마와 아빠의 결혼을 반대했지만, 엄마는 끝내 사랑을 택했고 부모의 곁을 떠났다. 항해를 마치고 돌아오는 아빠의 배에서 보이도록, 우미는 바다가 보이는 마당에 매일같이 깃발을 걸어 두었다. 그러다 한국전쟁의 와중에 아빠의 배가 기뢰에 맞는 사고가 발생한다. 아버지가 돌아가시자 엄마는 세 남매를 데리고 친정으로 돌아온다. 그렇게 외가에서 살게 된 이후로도 우미는 여전히 어떤 제의처럼 매일 아침 깃발을 올리고 있다.

　바다에는 아버지의 배로 통학을 하면서 매일같이 소녀의 깃발을 먼발치로 바라보는 남학생이 있었다. 문예부였던 슌은 그 깃발에 관한 글을 교내신문에 실었고, 같은 학교에 다니고 있던 1년 후배 우미도 그 글을 읽게 된다. 도서관 재건축에 반대 입장이었던 슌은 교내에서 저항의 퍼포먼스를 펼치는 와중에 우미와 마주치게 되고, 우연이 인연으로 옮아가려는 듯, 우미는 도서관 재건축 문제와 관련한 문예부 일을 도와주면서 점점 순과 가까워진다.

그러나 우미가 돌아가신 아버지의 사진을 보여 준 이후, 순은 우미와 거리를 두려 한다. 어려서부터 자신이 입양아라는 사실은 알고 있던 순은, 자기 친부의 이름이 우미의 아버지 이름과 같다는 사실에 우미를 어떻게 대해야 할지 몰라 외면한다. 자신을 길러 준 양아버지에게 들은 대강의 이야기와도 모든 정황이 맞아 떨어진다.

우미는 순에게 왜 갑자기 자신을 차갑게 대하는지에 대해 물었고, 순은 아버지에 관하여 자신이 알고 있는 것 모두를 말한다. 그리고 지금보다 더 어색한 관계가 되지 않기 위해 건네는 어색한 약속. 어떤 막장 드라마 같은 사연이 숨겨져 있을지 모르니, 이 일에 대해서는 더 이상 알려 하지 말고, 그냥 좋은 선후배로 지내자는….

미국에서 유학 중이던 엄마가 돌아오자 우미는 이 사실에 대해 물었고, 엄마는 이 사연의 숨겨진 이야기를 말해 준다. 아빠가 돌아가시기 전, 역시 뱃사람이었던 친한 친구 분이 전쟁의 와중에 아내와 함께 세상을 떠났고, 홀로 남겨진 아이를 맡아 키울 생각으로 호적에도 올렸었다. 그러나 당시 엄마는 우미를 임신 중이었고, 사랑하는 사람을 위해 부모까지 저버리고 나온 처지라 그 아이를 키울 여건이 되지 못했다. 그래서 마침 아이를 잃은 지 얼마 되지 않는 지인 부부에게 입양을 보냈던 것.

엄마의 해명으로는, 한국 전쟁 당시에는 그런 일이 비일비재했었다. 실제로 당시 일본에 주둔 중인 미군을 한국으로 실어 나르는 데 동원된 민간 해운 회사들이 꽤 있었다고 한다. 우미 아버지의 경우도 철수 중인 미군을 태웠던 일본 상선이 격침을 당한 실제 사건이 모델이란다.

얼마 후 사연의 전모를 알고 있는, 역시 마도로스인 아버지 친구 분의 이야기로 사실을 확인하는 것이 이 영화의 결말이다. 우미가 순에게 보여 줬던 사진은 아버지가 두 친구 분과 함께 찍은 것이었다. 우미 아버지 옆의 한 명은 순의 아버지이고, 다른 한 명은 이 사연의 전모를 알려 주고 있는 친구 분이었다.

두 청춘을 이어 주는 사건은 현대화의 논의가 진행 중이던 학교 도서관이다. 낡은 건물을 허물고 새로운 도서관을 지으려는 이사회와 그것에 반대하는 학생회의 갈등, 이 구도가 재미있기도 하다. 새로 짓고 보려는 기성과 옛 것이라도 가치 있는 역사는 지키겠다고 맞서는 청춘. 물론 찬반은 청춘들 사이에서도 엇갈렸다. 재건축에 반대하는 학생들을 보수로 몰아가는 찬성 입장의 학생들에게 순은 반문한다. 정말로 진보적 가치에 대해 말하려면 제국주의의 잔재인 그 까까머리 헤어스타일부터 버려야 하지 않느냐고…

학생회는 도서관을 리모델링하려는 학교 재단 측에 맞서, 선후배들의 추억이 깃들어 있는 전통의 가치를 지켜내고자 한다. 새로운 시대를 이끌어 갈 청춘들에게 보다 가치 있는 시간은 자신들의 흔적이 묻어 있는 낡은 도서관이었다. 보다 현대화된 공간을 지어 주려는 입장에서는 도통 이해가 가지 않는다. 대형출판사를 운영 중이던 이사장은 학생들은 의견을 물으러 직접 학교를 방문한다.

낡은 도서관에는 각 층마다 학생들이 자치적으로 운영하는 동아리들이 저마다의 공간을 차지하고 있다. 개인적으로 관심 있게 지켜본 장면은, 한 명의 신입부원이라도 더 유치하려는 철학 동아리 회장의 눈물겨운 노력이다. 1960년대의 일본 사회를 그린 경우이지만, 그 시절부터도 고등학생들에게 이미 철학은 인기가 없었나 보다. 회장 1명에 부원 2명이 고작일 정도….

제대로 된 동아리방 하나를 지니지 못해, 계단과 계단 사이의 간이 부스에서 생활하고 있는 철학 동아리 학생에게, 이사장은 보다 넓은 공간이 필요하지 않느냐고 묻는다. 낭만의 시절을 살아가던 철학도의 대답은, 술통을 보금자리 삼았던 고대 그리스의 철학자를 아시냐는 질문이었다. 이사장 역시 '디오게네스 말인가?'라는 질문 형식의 대답과 함께 호탕한 웃음을 지어 보인다.

당시를 살았던 청년들의 열정을 소재로 하는 이야기는, 열린 생각의 소유자였던 한 중년에 의해 실마리가 풀린다. 학생들의 생각을 존중하는 기품은, 어른이 지녀야 할 인문적 덕목이 무엇인가를 보여 주고 있기도 하다. 자본적 권력도 함께 지닌 사회적 지위였다는 점에서, 이 장면은 더욱 따뜻하게 다가온다.

이는 지브리 스튜디오의 모기업이기도 한 출판사 도쿠마 쇼텐(德間書店)을 의도한 거란다. 지브리 스튜디오의 프로듀서인 스즈키 도시오가 원래는 이 출판사의 편집장이었다. 출판사가 사업을 확장할 수 있는 자본력을 지닌 시절이기도 했다는 점에서, 작품과 궤를 함께하는, 풍요로운 인문적 풍토에 대한 향수를 불러일으킨다.

철학을 공부하고자 하는 고등학생들이 있었다는 사실만으로 놀랍다. 그러니 기타 순수학문에 관심 있는 학생들도 많았다는 근거가, 얼마 되지 않는 저 철학 동아리 부원들이 아닐까? 이 애니메이션에 등장하는 동아리 부원들의 때론 진지하고 때론 유머러스한 활동 모습은, 도서관이 지닌 인문의 총체를 구체화한 풍경이라고 할 수 있겠다. 이 사회에 맞설 수 있는 학생자치가 가능한 것도 저런 인문적 양분이 토대가 되었기 때문이기도 할 테고….

저 시대에는 한국 고등학생들의 모습도 다르지 않았다. 니체를 이야기하고 릴케를 읊었던 청춘들의 독서 모임들이, 전국 각지에서 주도적으로 민주화운동에 일조했던 것이기도 하다. 지금은 그런 자생의 문화를 많이 잃어버린 듯하다. 학생들 주도로 교내신문과 교지를 만드는 학교도 많지 않을뿐더러, 있다 해도 학생들의 참여보다 담당교사의 업무적 성향이 더 크다.

물론 변해 가야 할 건 변해 가야 할 것이다. 그러나 변하지 않아도 될 가치에 굳이, 아니 변하지 말아야 할 가치에 기어이 변화를 모색하는 것이 과연 진보적 기치인가에 대해서는 다시 생각해 볼 필요가 있지 않을까? '응답하라' 시리즈의 열풍도 그런 현상이 아니었을까? 지금 시대에 없는 건, 지나간 시대와 함께 사라져 간 사물만은 아니다.

이 작품은 정작 감상하고 있을 때보다는, 봤던 내용을 곱씹다 보면 더 애틋해지는 경우다. 정엽이 번역해 부른 OST 「이별의 여름」의 멜로디까지 덧대어 듣다 보면, 평소엔 궁금하지도 않던 그 시절의 은정이와 미영이가 잘 살고 있는가를 밤하늘 별님에게 물어야 할 것 같은 센치함이 밀려든다.

매년 여름이 물러가려 하는 무렵에는 어김없이 「이별의 여름」을 들어 보곤 한다. 그리고 이 기획을 하게 된 가장 직접적인 원인이기도 하다. 이젠 다시 올 수 없는 것들과의 또 한 해 멀어지는 이별, 그 공허한 마음에 울리는 애가(哀歌)는 정말이지 전주부터 나 홀로 애잔해 죽을 지경이다. 돌아보면 참 별것 없었던, 내가 했던 사랑이란 것에 대한 후회와 연민으로, 여름의 끝에서 밤하늘의 별님에게 묻는다. 그 시절의 은정이와 미영이는 잘 살고 있냐고…. 그 시절 우리가 사랑했던 저마다의 은정이와 미영이, 그리고 진호와 영철이에게도 그런 안부 인사를….

「마루 밑 아리에티」
◈ 세상 밖으로 ◈

이 작품도 미야자키 하야오가 직접 감독을 맡진 않았지만, 꽤나 애착을 지니고 있는 경우인 듯하다. 메리 노턴의 원작 「마루 밑 바로우어즈」는 스물두세 살 즈음에 읽었고, 언젠가 애니메이션으로 만들어 보고 싶은 생각은 늘 지니고 있었단다. 결국 환갑의 나이가 되어서야 작업에 착수하게 된다.

하야오의 구상 중에는, 우리에게 익히 작품들 이외에도, 끝내 작품이 되지 못한 시나리오들도 적지 않다. 원작이 있는 스토리를 각색하는 작업은 생각보다 쉬운 일이 아닌가 보다. 이 작품의 기획도 각색의 난이도 때문에 오랜 세월 동안 미루어 두기만 하다가 마음 한구석에 방치되어 있었던 경우란다.

이젠 인간들이 마치 세계에 대해 무력한 소인 같은 존재가 되었다는 생각이 들었단다. 스위프트의 『걸리버 여행기』 '소인국' 편에서도 비슷한 의미로서의 연출이 있다. 걸리버의 '큰 눈'으로 조망한 소인들의 세계는, '소인국'의 설정이 무엇을 의미하는지를 아울러 말하고 있다. 그것은 인류에 대한 풍자였다.

아리에티의 가족은 '거인(인간)'들에게 자신들의 존재를 숨기며 인간들의 문명을 빌려 살아가는 소인 종족이다. 나중에 또 다른 소인 종족의 일원인 스피라가 등장하는데, 이는 소인의 세계에도 문명과 자연이 나뉜다는 사실을 말해 주고 있다. 나름 자연친화적인 방식으로 살아가는 것 같은 아리에티 가족이 결국엔 문명을 대변한다는 사실은, 스피라가 사냥한 귀뚜라미 다리에 질겁하는 아리에티와, 인간이 만든 '인형의 집'을 욕망하는 아리에티의 엄마에게서도 읽을 수 있다.

소인들에게 인간은 위험한 존재이지만, 결국 그들이 의지하는 문명이기도 하다. 소인의 입장에서 인간의 소품들을 재미있게 활용하는 연출은, 스피라가 직접 만들어 사용하는 활과 대비된다. 아리에티 가족은 인간들 몰래 인간의 문명에 더부살이를 하고 있는 반면, 스피라는 조금 더 스타일리쉬해진 '포비'로서의 포지셔닝이라고나 할까? 하야오 특유의 원시공동체에 대한 이상을 상징하는 듯하다.

아리에티가 자신의 존재를 처음 들켜 버린 인간 쇼우는

다행히 소인들에게 우호적이다. 그러나 그 우호가 자신들의 존립에 어떤 영향을 미칠지 알 수 없는 불안이기도 하다. 쇼우에게서 건네받은 한 조각의 각설탕, 그 호의를 다시 되돌려 주고자 덩굴을 타고 쇼우의 방으로 올라가던 중, 아리에티는 보다 넓은 세상의 부감을 내려다보게 된다. 포스터로도 쓰인 이 장면이 결말의 복선이기도 했다.

어느 날 성질 고약한 가정부에게 그 존재를 들켜 버린 아리에티의 가족은 자신들의 터전을 떠난다. 그런데 그 터전이란 게 결국 인간의 문명을 빌려 살았던 일상이었을 뿐이다. 아리에티가 쇼우에게 작별의 선물로 건넨 머리핀은, 실상 머리핀으로 사용했던 것을 집게로서의 제자리에 되돌려 놓은 순간이었다. 소인들이 빌려 쓴 인간의 사물들이 의미하는 바, 그들은 이 세계의 주인도 주체도 아니다. 가정부의 말마따나 그저 '도둑'이었는지도 모른다.

떠날 수밖에 없는 상황으로까지 내몰린 처지, 그간 정들었던 공간과는 물론이고, 호의를 베풀었던 쇼우와의 이별 또한 못내 아쉽다. 그러나 이삿짐과 함께 주전자에 실려 도랑 위를 흘러가다 마주친 커다란 물고기에게서, 아리에티는 새로운 세계에 대한 희망과 희열을 느낀다. 쇼우의 방으로 올라가던 중에 보았던 보다 넓은 세계로 향해 가고 있는 것이다.

떠나기를 망설였던 생활체계로부터 막상 떠나오고 보니 더 넓은 세계를 만나게 된다. '인생은 당신이 안전지대를 벗어나는 순간에 시작된다'는 어느 격언처럼, 거인과 소인의 차이가 무색하도록 훨씬 더 큰 거대한 범주로 내던져지고 나서야, 보다 더 거대한 눈을 지니게 된다.

『걸리버 여행기』에서의 거인과 소인은 '관점'의 상징이다. 거인국으로 흘러 들어갔을 때에는 걸리버 자신이 소인이 되어 버리면서, 소인국에서 자신이 소인국 사람들을 내려다보던 대로 자신을 내려다보고 있을 거인국 사람들의 시선들을 올려다본다. 거인들을 통해 알게 된 사실은, 자신이 조소를 머금었던 소인국의 '와각지쟁(蝸角之爭)'은 결국 걸리버가 살고 있는 인간 세계의 소축적일 뿐이라는 것이었다.

「마루 밑 아리에티」에서 철학적 상징성을 추출한다면, 아리에티의 가족이 의지하고 있던 인간 세계가 소인의 일상을 지배하는 거대담론이라는 사실이다. 담론 내에서의 안정만을 추구할 뿐, 그 바깥을 바라보지 못한다. 그 경계

밖으로 나아가 볼 생각은 더더욱 하지 못한다. 아리에티의 엄마가 창밖에 걸어 놓았던 바다 그림이 그런 상징이 아니었을까? 거대담론 아래에서 어두운 습기를 머금고 살아갈지언정, 그 안정감의 욕망을 포기하지 못한다. 그러나 마음 깊은 곳으로부터 들려오는 열망의 메아리는, 여지껏 한 번도 닿아 본 적이 없는 풍경을 향해 있다.

들뢰즈에 따르면, 그 거대한 풍경으로 탈주할 수 있는 계기는 우리 스스로가 다가갈 수 있는 성질이 아니다. 다짐 뒤에 따르는 변명으로 인해, 우리는 결코 떠나지 못한다. 그런 열망을 부추기는 계기는, 그렇게 할 수밖에 없도록 떠미는 '사건'과 함께 도래한다. 이 작품에서는 그 사건이 쇼우와의 만남이었을 테고, 보다 직접적으로는 가정부와의 만남이었을 테고….

살아 보니 그렇지 않은가. 그렇게 하지 않으면 안 되는 사건이 도래하기 전까지는 절대 변하지 않은 체계. 그런 변화의 사건을 겪는다는 것, 무너진 안정감 너머에서 기다리고 있던 새로운 시간을 발견한다는 것 자체가 행운인지도 모르고…. 말로는 이런 철학을 늘어놓으면서도, 변하지 않을 사람은 또 안 변한다.

그대들은 어떻게 살 것인가?

... 아이에게 너는 저 포도라는 나쁜 대상을 황새의 뱃속에서 빼내고 싶어 할 것이며 네가 여우를 무서워하는 것도 바로 이 때문이라고 말하도록 가르친다. 나도 그것을 부인하지 않는다. 하지만 신화의 구조들로, 즉 공포증 속에서의 시니피앙처럼 훨씬 더 큰 동력을 가진 것처럼 보이는 역할을 하는 ...

- 자크 라캉, 『에크리』, 새물결출판사.

심리학에서 자주 언급되는 '여우와 신 포도' 이야기를 인용한 문장인데, 「그대들은 어떻게 살 것인가」를 관람한 이들이라면 오히려 뭔가가 짚이는 기분이기도 할 것이다.

우리나라에서도 아이들이 애기는 어떻게 생기는 것인가를 질문할 때 부모가 둘러대는 클리셰가 있는 것처럼, 서구에는 황새가 아이를 물어다 준다는 설화가 있단다. 「그대들은 어떻게 살 것인가」에 등장하는 건 왜가리이지만, 문화인류학적 스토리텔링에는 능한 미야자키 하야오라는 점을 고려한다면, 비슷한 상징이 아닐까 싶기도 하다. 왜가리가 인도한, 죽은 엄마가 여전히 살아 있는 세계에서, 엄마는 소녀의 모습이었다. 그 다른 세계는 마히토의 탄생 이전 시점, 자기 존재의 근원을 찾아 시간을 거슬러 올라간다는 점에서도 왜가리는 그런 상징인 듯하다.

구멍만 있으면 엄마의 자궁으로 해석하려 드는 프로이트주의자들을 많이 비판해 왔는데, 이번에는 그들의 해석이 맞을 것 같기도 하다. 서재라고 해야 할까? 도서관이라고 해야 할까? 여튼 그 건물로 들어가 마주한 세계는 탄생이전의 시간을 다루고 있다. 그리고 그곳에 소녀의 모습으로 살아가는 엄마와, 그 세계를 지키고 있는 큰외증조부가 있다.

그렇다면 펠리컨과 앵무새는 어떤 상징일까? 그의 여러 작품에서 언급되고 있는, 개인을 옭아매고 억압하는 전체주의적 욕망과 타자의 담론이 아닐까?

난해하다는 소문을 익히 들어서, 각오는 하고 있었다. 어떻게든 원고화를 해야 하는 입장에선 난감하기까지 하다. 그 와중에 비교적 선명히 다가오는 것은 '미안함'에 대한 이야기이다. 마히토의 아버지는, 아내가 죽은 후 처제(나츠코)와 재혼을 한다. 그러니까 마히토에게 이모가 새엄마가 된 것. 받아들일 수밖에 없는 현실이기에, 새엄마에 대한 예의를 다하지만, 또한 약간의 불편함이 있다. 그 불편함은 생각보다 더 큰 '증오'일 수 있다는 사실은, 꽤 비중 있는 역할인 하녀 키리코의 입을 통해 밝혀진다.

마히토가 이모를 새엄마로 인정한다는 것. 나츠코가 마히토에게 엄마의 자리를 대신한다는 것. 그 현실을 감싸는 누군가에 대한 미안함을 안고서 두 사람이 이끌려 들어간 곳에 엄마와 언니가 있었다.

화재로 세상을 떠난 엄마는, 저쪽 세계에서는 불의 마법을 사용하는 소녀다. 나는 나의 원래대로 돌아간 것뿐이니 나의 죽음을 너무 슬퍼하지 말라는, 죽음에 대한 슬픈 위로 같기도 하면서, 마히토의 미안함이 투영된 판타지 같기도 하다. 자신이 죽는다는 사실을 알면서도 마히토의 엄마로 태어날 시간의 문을 여는 장면은, 그런 운명이라도 몇 번이고 다시 너의 엄마로 태어날 터이니, 너무 미안해하지 말고 이모를 엄마로 잘 모시고 살라는 당부가 아니었을까? 또한 내내 나츠코에게 보인 애정도, 너무 미안해하지 말고 마히토에게 좋은 엄마가 되어 달라는 당부는 아니었을까?

엄마 없는 하늘 아래에서도 삶은 계속된다. 「그대들은 어떻게 살 것인가」는 이 영화의 원작 소설 제목이기도 하지만, 이 영화 속에 등장하는 책이기도 하다. 원작도 이런 구성인지는 잘 모르겠는데, 언제고 아이가 커서 이 책을 펼쳐 보리라는 기대로 엄마가 적어 놓은 글귀가 있었다.

2023년 10월 25일, 개봉 첫날. 동네 영화관에서 조조로 보고 와서 이 에필로그를 쓰고 있다. 막 하야오에 관한 원고를 끝내고 본 영화이다 보니, 좀 더 유심히 보게 되는 것들이 있다. 하야오 작품이 대개 그렇지만, 유년 시절의 경험이 토대가 된다. '미안함'의 정서에 있어서도, 이 작품이 은퇴작은 아니라 할지라도, 그의 시간을 집대성한 느낌은 있다. '그때부터 지금까지' 보여 준 세계의 자기 오마주인 듯한 장면들이 적지 않다. 특히나, 하야오가 직접 참여하진 않았지만, 「추억의 마니」가 겹쳐지는 부분이 꽤 있다.

「추억의 마니」가 흥행이 어렵다고 본 이유는 영화의 완성도나 홍보 방식 때문이 아니었다. 그보다 더 큰 문제, 즉 세상이 근본적으로 전환기에 접어들었기 때문이다. 구체적으로 말하면 애니메이션에서 판타지 세계를 그리고 그곳에서 현실 세계를 돌아본다는 수법, 이른바 우화적인 영화에 다들 싫증을 내기 시작했다. 제작을 잠시 쉬는 직접적인 이유

는 미야의 은퇴이지만, 배경에는 그런 세상의 움직임이 자리
한다.「추억의 마니」는 현실 세계에서 괴로워하는 사람들에
게 조금이라도 위로가 되기를 바라면서 만든 기획이었다. 현
실적인 해결책은 제시하지 않을지도 모른다. 하지만 "지금
괴로워하는 사람은 당신만이 아니에요."라고 다정하게 안아
줄 수 있다.

에필로그에 사용하려고 메모해 두었던, 지브리 스튜
디오의 프로듀서 스즈키 도시오의 말을 이 작품과 관련
해 설명할 수도 있을 것 같다. 이미 저 때,「추억의 마니」
가 지브리 스튜디오 마지막 작품이란 이야기도 나돌았었
다. 그로부터 10년이 지난 시점, 하야오는 아직 건재하고
은퇴의 변을 다시 주워 담기도 했지만, 새로운 세대의 새
로운 방법으로 이끌어 가야 하는 새로운 시대에 대한 이
야기를 이 작품을 통해 건네고 있는 것 같기도 하다. 큰외
증조부가 마히토를 후계자로 선택한 것, 그리고 하나의 세
계가 무너져 내리는 장면이 그런 상징은 아니었을까?

"너만의 탑을 쌓아 가거라. 풍요롭고 평화로우며 아름다운 세계를 만들 거라."

이 대사를 중심에 놓고서 '그대들은 어떻게 살 것인가'라는 제목을 음미해 보자면, 질문의 포커스를 마히토 개인에게로 좁힌 문장 같다.

하야오의 주제 중 하나가, 다수의 담론에서 벗어나 너의 길을 가라는 것이다. 여러 사람이 몰려들어 경쟁하듯 달려간 곳에는, 승자와 패자가 있을망정, 행복은 없다잖아. 자신이 가야 할 길, 자신이 있어야 하는 곳, 자신만이 할 수 있는 것, 그 유일한 세계의 입법자가 되는 일. 마히토는 한 사람 한 사람의 '너'이자, 우리 모두를 지칭한다. 그러나 자기중심적 생각을 의미하는 것도, '전체'를 의미하는 것도 아닐 터. 이번 책에서 주로 인용한 라캉의 정신분석과 들뢰즈의 철학이 그 이야기를 하고 있는 것이기도 하다.

이해되지 않는 삶은 없다. 개개인의 이야기는 다 나름의 이유를 지니고 있다. 적어도 그것이, 관습과 담론의 욕망으로부터 벗어난, 정말 당신이 주인공인 이야기인가를 하야오는 묻고 있다.